中国创新创业发展研究

2020

中国科协企业创新服务中心
中国技术经济学会 编著

中国科学技术出版社
·北 京·

图书在版编目（CIP）数据

中国创新创业发展研究 . 2020 / 中国科协企业创新服务中心，
中国技术经济学会编著 . — 北京：中国科学技术出版社，2021.9
ISBN 978-7-5046-9156-9

Ⅰ . ①中…　Ⅱ . ①中…②中…　Ⅲ . ①国家创新系统
—研究报告—中国— 2020　Ⅳ . ① F204 ② G322.0

中国版本图书馆 CIP 数据核字（2021）第 165019 号

策划编辑	杜凡如
责任编辑	杜凡如
封面设计	锋尚设计
版式设计	锋尚设计
责任校对	张晓莉
责任印制	李晓霖

出　　版	中国科学技术出版社
发　　行	中国科学技术出版社有限公司发行部
地　　址	北京市海淀区中关村南大街 16 号
邮　　编	100081
发行电话	010-62173865
传　　真	010-62173081
网　　址	http://www.cspbooks.com.cn

开　　本	710mm×1000mm　1/16
字　　数	104 千字
印　　张	10.5
版　　次	2021 年 9 月第 1 版
印　　次	2021 年 9 月第 1 次印刷
印　　刷	北京盛通印刷股份有限公司
书　　号	ISBN 978-7-5046-9156-9/F·941
定　　价	89.00 元

本书编写组

策委会

主　任：吕昭平

副主任：苏小军

成　员：宁方刚　邓　帆　龚玲丽　陈志刚　王盛安

编委会

主　任：李　平

副主任：王宏伟

成　员：彭绪庶　左鹏飞　马　茹　徐海龙　苏　牧
　　　　陈　晨　蒋建勋　王　珺　朱雪婷　陈多思
　　　　刘枝悦

鸣谢专家

王礼恒　胡志坚　李海舰　马名杰　胥和平　闫海琪
杨起全　杨德林　田杰棠　程昌秀　陈　志　陈印政
韩　祺　张　鑫　赵　锐　邢　婷

序
Sequence

习近平总书记指出："创新是社会进步的灵魂，创业是推动经济社会发展、改善民生的重要途径。"开展大众创业、万众创新是实施创新驱动发展战略的重要载体和培育发展新动能的重要举措。从2014年中央经济工作会议强调"大众创业、万众创新"以来，在各部门、各地区的精心组织、大力推动和全社会的广泛参与下，创新创业环境日益优化，创新创业活动蓬勃发展、不断走向深入，创新带动创业、创业带动就业的良好局面正在形成。创新创业不仅成为推动中国经济高质量发展的重要力量和促进就业的重要支撑，也成为展示中国经济活力和发展韧性的"亮丽名片"。当前，百年难遇之大疫情叠加百年未有之大变局，国际发展环境更趋复杂，党的十九届五中全会和《中华人民共和国国民经济和社会发展第十四个五年规划和2035年远景目标纲要》明确提出，要坚持创新驱动发展，坚持创新在我国现代化建设全局中的核心地位，把科技自立自强作为国家发展的战略支撑。全面分析总结"十三五"创新创业工作，对"十四五"推动创新创业向纵深发展，深入实施创新驱动发展战略，建设世界科技强国，全面塑造发展新优势，助力经济高质量发展具有重要意义。

2020年5月，习近平总书记在给袁隆平、钟南山等25位科技工作者代表的回信中勉励科技工作者坚定创新自信，着力攻克关键核心技术，促进产学研深度融合，勇于攀登科技高峰。为学习贯彻习近平总书记给科技工作者代表回信的重要指示精神，中国科协积极发挥组织优势和人才优势，推出"科创中国"品牌，旨在立足新发展阶段，贯彻新发展理念，助力构建新发展格局，打造技术服务与交易平台，汇聚融通创新要素，聚焦"卡脖子"的关键核心技术难题，构建静态供需、动态运营、人才赋能的机制，推动产学研深度融合，为地方经济转型提供解决方案，为区域发展提供创新支撑，营造创新创业良好生态，推动经济社会高质量发展，为建设世界科技强国做出科协组织应有的时代贡献。

为打造"科创中国"旗下开放共享的公共数字智库平台，中国科协企业创新服务中心和中国技术经济学会共同组织、通力合作，在深入调研的基础上，围绕区域创新创业，收集、梳理和分析创新创业相关政策，研究提取创新创业特征指标，构建创新创业综合指标评价体系，测算创新创业综合指数与分指数，根据DEA模型对不同区域创新创业政策绩效展开评估，并以数字化方式呈现特征指标、测度指数和政策绩效。此项研究实现了对我国创新创业发展的内在特征和前沿趋势的量化捕捉与深度描绘，为综合评价我国这一阶段创新创业政策提供量化支撑，有助于精准识别各个地区创新创业的优势与短板，并对建设区域创新高地具有积极的推动作用。希望中国科协企业创新服务中心和中国技术经济学会今后能进一步聚焦研究城市群的创新创业发展，将创新创业理论研究与政策支持体系现实需求紧密结合，为建设科技强国做出持续和独特的贡献！

中国科协党组成员、书记处书记　吕昭平

2021年5月

目 录
Contents

　　创新创业推动创新驱动发展战略深入实施，提升国家创新体系整体效能，助力构建"双循环"新发展格局，有力推动我国经济高质量发展。本书主要包括六部分内容：一是创新创业的定义、特征和趋势；二是2014—2019年中国创新创业特征分析；三是2014—2019年中国创新创业指数测算；四是2014—2019年中国创新创业政策特征分析；五是中国区域创新创业政策效果评价；六是当前中国创新创业发展面临的主要问题。基于这六个部分的研究，本书最后提出了加快完善创新创业政策体系、推动创新创业高质量发展的相关建议。

第1章

新发展阶段
创新创业的
重要意义

2020年是"十三五"规划收官之年，距离"大众创业、万众创新"口号的提出已超过五年。《中共中央关于制定国民经济和社会发展第十四个五年规划和二〇三五年远景目标的建议》（下文简称《建议》）指出："'十三五'时期是全面建成小康社会决胜阶段，'十四五'时期是我国全面建成小康社会、实现第一个百年奋斗目标之后，乘势而上开启全面建设社会主义现代化国家新征程、向第二个百年奋斗目标进军的第一个五年"。在进入新发展阶段的重要时点上，我国发展处于重要的战略机遇期，世界正在经历百年未有之大变局，国际环境日趋复杂，经济全球化遭遇逆流，新型冠状病毒肺炎（以下简称"新冠肺炎"）疫情影响深远，不稳定性和不确定性明显增加。因此，在我国经济社会向高质量发展的转变过程中危与机共存。一方面，经济发展面临的内部资源生态环境约束不断增强，人口红利逐渐消失，经济高速增长难以为继，需要寻找新的增长突破点，同时外部环境趋紧，我国同主要创新大国竞争合作格局日益复杂，中美科技博弈面临进一步恶化的可能；另一方面，新一轮科技革命和产业变革加速演进，为我国利用国际创新资源和实现跨越式高质量发展带来重要契机。在此背景下，立足新发展阶段，贯彻新发展理念，构建新发展格局，推进创新创业创造向纵深发展，对加快建设科技强国，实现高水平科技自立自强，推动高质量发展具有重要意义。

1.1.1 以创新创业助推经济高质量发展

创新是推动技术进步的重要源泉，而技术进步则是实现经济长期增长的关键要素。美国诺贝尔经济学奖获得者罗伯特·默顿·索洛（Robert Merton Solow）关于技术进步的研究证实，长期经济增长的来源包括资本积累和技术进步，且技术进步远比资本积累更为重要。尽管现代经济增长理论存在不同的流派，但这些流派都认同，科学技术是影响生产效率和生产水平的关键变量。20世纪90年代中期以来，占据主流且影响多国经济政策的新经济增长理论更是认为，内生化的技术进步是经济增长的核心，对于经济增长具有决定性的作用。尽管通过技术引进和模仿也可以在短期内实现技术进步，但是要突破在关键技术领域被"卡脖子"的困境，实现科技自立自强，必须依靠自主创新。

改革开放以来，虽然我国的科学技术水平和科技创新能力取得了显著的进步，对经济高速增长、跃升为世界第二大经济体发挥了重要作用。但是如果对我国经济增长的来源进行分解可以发现，在高速增长的过程中，其主要依靠低劳动力成本和高投资水平，并且以牺牲资源和环境为代价，是一种不可持续的粗放式增长。党的十九大报告指出："我国经济已由高速增长阶段转向高质量发展阶段。"在这一阶段，经济增长环境发生了几点重要变化：一是适龄劳动人口出现下降"拐点"，人口转型和老龄化发展趋势加速；二是在21世纪初开始的新一轮宏观经济增长周期中，经济增长对基建和房地产投资的依赖度高，这直接导致了对资本投入贡献的强化，同时投资对国内生产总值的拉动效应不断下降。研究发现，从2007年到2015年，单位国内生产总值资本投入需求量从3.5上升到6.7，而从2004年到2013年，资本回报率从24.3%下降到14.7%，通过高投资拉动经济增长变得越来越不可持续；三是资源约束收紧，节能减排压力不断增大，碳达峰和碳中和目标对我国的能源消费结构和工业生产模式提出了较高要求，对经济增长形成制约；四是与发达国家相比，我国企业出口附加值水平和在全球供应链中的地位都存在较大差距，特别是在部分前沿技术领域，频频面临被"卡脖子"的风险。

面对宏观经济增速变缓和诸多因素的变化，我国经济社会向高质量发展转变的关键在于增长动能的转变，提升全要素生产率，实现经济增长由劳动和资本等传统要素投入转向更多依靠创新创业为源头的技术进步。

创新创业一方面有助于传统产业的转型升级，提升竞争力，提高供给水平；另一方面也有利于培育新产业和新企业，为经济增长注入活水，形成持续性的新支柱产业，打造新发展引擎，促进经济结构调整，并通过创业催生新的市场参与者，倒逼营商环境优化和市场经济体制改革，形成宏观经济实现可持续高质量发展的关键驱动力。在新发展阶段，科技创新通过与市场需求有机结合，产生强大的推动能力，优化创新成果产出，革新创新成果，最终为经济发展助力。创业作为创新的重要实现路径，也是推动经济可持续高质量发展的中坚力量。创新创业能够通过深化供给侧结构改革、调动全社会生产要素、改善生产力来缓解经济增速下行压力。

据科技部测算，我国科技进步贡献率从 **55.1**% 增长到 **59.5**%

据人社部测算，"十三五"期间，城镇年均新增加就业超过 **1300** 万人，累计超过 **6000** 万人

一系列数据表明，我国创新创业在"十三五"期间取得了显著进步，并对经济增长做出了重要贡献。从2015年到2019年，我国在世界知识产权组织（World Intellectual Propety Organization，简称WIPO）评估的创新指数排名中从第22位上升到第14位，据中华人民共和国科学技术部（以下简称"科技部"）测算，我国科技进步贡献率从55.1%增长到59.5%。在高铁、5G等一批世界领先技术带动下，形成高铁经济、互联网经济等一批新兴产业和新兴业态，中国制造开始逐步迈向全球价值链中高端。近年来我国战略性新兴产业明显增速更快，对GDP的年均经济增长贡献接近20%。此外，据中华人民共和国人力资源和社会保障部（以下简称"人社部"）测算，"十三五"期间，我国城镇年均新增加就业超过1300万人，累计超过6000万人。同时全国城镇登记失业率和调查失业率均保持在较低水平。创新创造新就业形态，创业带动就业，成为拉动就业增长的新引擎，这在中西部表现尤为明显。总体来说，"十三五"期间，创新创业为减缓宏观经济下行影响，深化供给侧结构性改革，推动宏观经济高质量发展发挥了不可替代的关键作用。

1.1.2 以创新创业加速推进实施创新驱动发展战略

当今世界面临百年未有之大变局，国际力量对比深刻调整，国际格局加速演变。与此同时，以人工智能、大数据、云技术等为新一代信息通信技术为代表的第四次科技革命和产业变革正在孕育兴起，国际政治、经济竞争越来越集中于以科技创新和创新应用为核心的竞争上。面对我国在部分技术领域的快速发展，美国不断加强对5G、人工智能应用等为代表的我国科技企业和新兴产业的围堵，甚至多次对我国上百家科技企业和高校动用制裁手段，这些企业中包括许多科技领域的初创型企业。美国对我国科技企业的打压和制裁从侧面反映出，"十三五"期间我国的科技企业创新创业取得了一定成果，对国家创新驱动发展战略形成了重要支撑。

《建议》提出，创新在我国现代化建设全局中占据核心地位，要通过实施创新驱动发展战略完善国家创新体系，建设科技强国；然而，当前我国科学技术创新发展仍表现出不平衡、不充分的问题，特别是在不同产业和区域之间，既有部分"高精尖"的技术处在快速研发和不断推广应用的阶段，也有大量相对低端甚至落后的技术被应用于生产环节。要扭转这种二元结构现象，必须要促进量大面广的传统产业技术改造和转型升级，促进新技术与传统产业融合发展，促进基础研究与应用技术研究有机衔接。而在这一过程中，创新创业可以通过促进科技成果转化、激发市场活力、倒逼落后企业和产业转型等方式发挥重要作用，因此推动创新创业是我国深入实施创新驱动发展战略的必由之路。

党的十八大以来，党中央对创新创业给予高度重视，从国家层面做出了实施创新驱动发展战略的重大部署，要求各省市逐步开展落实创新创业政策和意见内容，鼓励个人或者企业开展创新创业工作，以多样化的方式为创新创业提供支持。在中央提出的《到二〇三五年基本实现社会主义现代化远景目标》中，要求"关键核心技术实现重大突破，进入创新型国家前列"。要想缩小我国与发达国家在关键领域技术发展上的差距，解决"卡脖子"的技术问题，适应和抢抓新科技革命与产业变革的发展机遇，必须要充分发挥创新创业的战略价值。只有充分强化企业的创新主体地位，激发人才创新活力，发挥我国在重大科技专项上集中力量办大事的体制优势，才能实现以科技自立自强支撑国家的创新驱动发展战略。

同时，创新驱动发展战略的有效实施还需要注重创新和创业的有机结合。科技创新始于基础研发，却远不止基础研发。创新创业的有机结合需要以创新为引领，利用创业推动创新成果向现实生产力转化。在此过程中，创业既是创新的延伸，也是对创新的应用和检验，是创新驱动发展的重要路径和体现。创新创业的落实是国家创新驱动发展战略的落地与实践，是我国新发展阶段构建新发展格局的重要组成。在深入实施创新驱动发展战略，建设创新型国家的过程中，必须要加大力气强化创新投入，提升创新能力和效率，促进创新产出和转化，激发调动全社会创新创业活力，推动形成以创新为主要引领和支撑的经济发展路径。

1.1.3 以创新创业加快提升国家创新体系整体效能

创新创业一方面需要国家创新体系的支持，另一方面也能够推动国家创新体系的不断完善。国家在推动创新创业的过程中，不仅将直接推动国家在重点领域和关键环节布局大型科学装置、重要科学基础设施和国家产业创新中心等创新平台，也会鼓励和支持地方政府、大学以及大型企业构建完善便捷的创新创业孵化平台，如众创空间、孵化器、加速器等。此外，国家创新创业政策的一项重要内容是直接支持和鼓励大型企业围绕内部创新开展创业，鼓励企业开放创新创业平台，围绕大型企业建立多元复合互动的创新创业生态系统。《中国创业孵化发展报告2020》显示，截至2019年年底，全国创业孵化载体数量达到13206家，其中孵化器5206家，众创空间8000家。共有国家备案的创业孵化载体3065家，国家备案的专业化众创空间73家。这些孵化器及创业平台既是创新创业的成果，也是未来继续推动创新创业发展的重要主体。国家层面创新创业政策的有效推开，既突出了中国特色国家创新体系中的政府主导作用，也突出了企业科技创新的主体作用，强调了产学研紧密结合以及各类创新主体的协同合作，构成了具有中国特色的国家创新体系。

与此同时，推动创新创业还有利于完善科技创新、现代金融和人力资源等创新创业要素的支撑体系，完善知识产权、科技转化、创业培训等科技中介服务和创业中介服务。因此，从宏观来看，创新创业的发展有利于创新创业公共服务资源的共建和开放共享，有利于全社会创新要素与创业资源更好配置，有助于加快构建应用和需求牵引的开放融合型国家创新体系，并提升国家创新体系的整体效能。

1.1.4 以创新创业推动加快构建"双循环"新发展格局

构建国内大循环、实现国内国际双循环是我国新发展格局的重要组成部分。面对国内外错综复杂的形势和进一步深化改革开放的必要性，想要提升我国在国际产业链和供应链中的不可替代性以及在国际贸易中获取附加值的能力，同时释放国内统一大市场的内需潜力，重要的依托就是推进创新创业的高效发展。

当前我国在部分产业领域构建国内大循环的制约因素之一是关键核心技术受制于发达国家。以集成电路为例，由于我国的芯片生产技术落后于发达国家，因此尽管我国的手机制造行业在国际上占据重要份额，但是其核心技术产品对外依存度较高，自主创新度不足。美国对我国集成电路产业的打压与制裁导致国内手机生产企业陷入"缺芯"困境。想要突破这一困境，关键就在于依靠科技创新增强关键技术领域的自主创新能力，从而打通从产品研发到产品设计和生产加工，最终到产品消费的整套循环体系。只有实现全产业链和供应链关键环节的自主性，我国才能尽可能减少外部冲击对我国经济发展带来的负向影响，依靠国内大循环市场带动经济高质量发展。

实现全产业链和供应链的自主性并非意味着我国要走向仅依靠国内大循环的道路；相反，建立完整的产业链和供应链是为了提升我国在国际贸易中的不可替代性，从而打通国内国际两个市场的高水平循环。通过改革开放以来工业化的快速发展，我国具备了完备的工业体系优势，但是目前我国在国际贸易过程当中所承担的角色仍然集中于中低端制造业，这导致我国不仅在国际贸易过程中获取附加值的能力较低，而且被其他国家替代的风险较大。在中美贸易摩擦不断升级的情况下，美国正在积极寻求与其盟国构建"去中国化"的产业链和供应链。想要阻止美国及其盟国对中国在重要科技产品领域形成合围之势，关键在于提升我国在核心技术领域的创新创业能力，培育我国在新形势下参与国际合作与竞争的新优势。

总体而言，2020年是承接"十三五"、开启"十四五"、布局二〇三五的重要时点。在这一时点，对各地区的创新创业综合发展程度进行全面梳理与分析，对创新创业布局进行画像，并对各地区的创新创业效果进行研究，对我国在新冠肺炎疫情背景下如何促进科技跨越式发展，抓住新一轮新科技革命与产业变革的机遇，推进国家创新驱动发展战略实施，以及保障"十四五"时期的高质量发展具有重要意义。

第2章

创新创业的定义、特征和趋势

2.1 创新创业的定义

创新创业、创新创业型拔尖人才日益成为全球理论界和实业界关注的新热点，是当今各国学术研究和政策聚焦的重点。但关于创新创业的定义及二者之间的区别和联系，至今尚未形成完整统一的科学界定。作为研究起点，从学术探讨和实践总结的角度精准把握创新创业的定义，深入辨析其内在联系，对中国创新创业形成科学分析与客观评价具有重要指导意义。

2.1.1 创新与创新创业

最初的创新是一个经济学概念，由创新理论奠基人约瑟夫·熊彼特（Joseph Schumpeter）提出。他在著名的《经济发展理论》一书中首次明确提出创新的概念，随后又在《经济周期》（Bussiness Cycle）和《资本主义、社会主义和民主》中丰富和完善了创新理论，由此形成了以创新理论为核心的经济理论体系。熊彼特认为，创新是"建立一种新的生产函数"，也就是在生产体系中引进新的生产要素和生产条件的新组合，从而获取利润。此处的生产函数是指在生产技术水平给定的情况下生产投入与产出的数量关系，生产函数会随着生产技术水平的变化而变化。所谓新组合则包括新产品、新的生产方法、新的原材料来源、新的产成品市场、新的生产组织形式等。熊彼特的创新概念具有以下特点。第一，创新是一种"破坏性变革"，通过这种间断性和突发性的变化来促进经济发展，而非在原有组合基础上的渐进式改进，因此需要对其进行动态研究。第二，创新是一个宽泛的概念，并不局限于技术本身，即企业所涉及的一切提高资源配置的行为，包括但不限于生产、销售、管理等领域。第三，创新在初期可以带来垄断利润，但随着被越来越多的企业模仿，这种垄断利润会随之减小直至消失，这个过程会推动整体经济的发展，因此创新在资本主义经济社会中占据相当重要的地位。第四，新组合的创新意味着旧组合的毁灭，在完全竞争的市场中，创新和毁灭通常发生在不同的经济部门之间，随着经济发展，经济部门逐渐发展壮大彼此交融，因此这种创新和毁灭的过程会逐渐内部化。第五，创新与新价值联系紧密，熊彼特认为发明仅仅产生而没有得到应用并不能称之为创新，而应用的实现势必会带来一定的新价值，此时才可以称为创新。

除经济学之外，创新还延伸到管理学和心理学。管理学领域的创新意为"赋予资源以新的创造财富能力的行为"[1]，包括技术创新和社会创新[2]。心理学领域的创新则主要针对创造力展开。进入21世纪，信息技术推动下知识社会的形成及其对创新的影响进一步被认识，科学界进一步反思对创新的认识，创新被认为是各

---

[1] 彼得·德鲁克. 创新与工业家精神[M]. 北京：机械工业出版社，2007.
[2] 杨曼英. 创新教育导论[M]. 长沙：湖南师范大学出版社，2009：2-3.

创新主体、创新要素交互复杂作用下的一种复杂涌现现象，是创新生态下技术进步与应用创新的创新双螺旋结构共同演进的产物。

根据场合的不同，创新可分为产品创新、过程创新和商业模式创新。产品创新，指改善或创造产品，进一步满足顾客需求或开辟新的市场。过程创新，也称工艺创新，指在生产体系中引入新的生产方式和流程，从而改善或变革产品的生产技术及流程，包括新工艺和新设备的变革。商业模式创新，指通过改善或创造更好的组织环境和制度，使企业的各项活动更有效，开拓新市场、吸引新客户群体。

上述类型可进一步概括为生产创新和理念创新。生产创新是指能够提高物质产品生产效率的科学技术，是能够改进物质产品生产的材料、设备、工艺、零部件、元器件和终端产品性能的技术，是推进工业、农业、交通运输业、建筑业、环境治理和保护、信息产业、武器装备制造业现代化的高新技术，是能够提高我国国际产业分工地位和国际贸易竞争力的技术。理念创新主要是商业模式、经营理念和虚拟经济领域的创新，无法解决物质产品生产过程的技术难题[1]。

本书所述"创新创业"中的"创新"指的是生产创新，即经过长期研究积累形成的科学发现和技术发明，

---

[1] 吕政. 创新驱动必须以硬科技创新为本[J]. 海南大学学报（人文社会科学版），2020，38（02）：1-11.

具有较高的技术壁垒，能够促进产业转型升级、支撑经济社会发展的关键核心技术。

2.1.2　创业与创新创业

创业是一个涉及多层次多领域的复杂的市场活动，国外对创业现象的分析始于18世纪中期。虽然西方国家对创业的研究较早，但这一概念在国内却可以追溯到春秋时期。随着时代的变迁，创业逐渐演变成了创办事业或建立基业等不同解释的新概念。国内外学者也对创业做了大量探索，提出了不同观点，如今的创业变成了一个非常宽泛的名词，对创业现象和创业理论进行研究的学者来自各个领域。与创新类似，学者们对创业的定义主要集中在经济学，同时也有管理学、社会学、心理学、教育学、法学等视角。

经济学领域的学者们分别从资源整合、机会价值、财富目的等角度对创业展开研究。从资源整合的角度看，创业是探寻机会，能够整合不同的资源，然后开发和使用机会，实现创造价值的过程[①]，部分学者也将创业视为一个创造和占有机会并不断增加财富的动态过程，不受现有资源控制的过程[②]。从机会价值的角度看，部分学者认为创业就是一个对机会的不断寻找与获

---

① H. H. Stevenson，M. J. Roberts，H. I. Grousbeck，New Business Ventures and the Enterpreneur[M]. Irwin，1989.
② Robert C. Ronstadt. Enterpreneurship[M]. Lord Publishing Co，1984：28.

得，并能够创造出新颖的产品，能够提供非常周到的服务，使其潜在价值不断增值的过程[①]；也有部分学者认为创业是一种具有创造性的开拓精神，是创业家通过机会识别、承担风险的方式去创造新产品，努力实现经济价值的过程[②]。从财富目的角度看，创业是个体创造财富和产生价值的重要手段，是一种间接的价值增值的行为和过程[③]。管理学的研究对象是各种组织关系，从管理学的视角研究创业就是要从企业内部发掘和组织人的重要价值，以实现提高企业绩效的目的。而心理学视角多从创新倾向、影响因素、心理特性等方面研究创业者的品性特征。

在众多关于创业的研究中，熊彼特的"创新"学派最具鲜明特色。他将创业视作创新的实现过程，认为创新是创业的本质和手段，而创业者的职能就是实现生产要素新的组合，即"通过利用一种新发明，或者更一般地利用一种未经试验的技术可能性，来生产新商品或者用新方法来生产老商品；通过开辟原料供应的新来源或开辟产品的新销路；通过改组工业结构等手段来改良或彻底改革生产模式。"[④]

① 郁义鸿，李志能，等. 创业学[M]. 上海：复旦大学出版社，2000：46.
② 张钢，牛志江. 基于生命周期视角的创业政策关键要素探究[J]. 科学学与科学技术管理. 2009（5）：68-72.
③ 蒋雁. 大学生创业倾向影响因素的结构方程构建与实证研究——以温州在校大学生为例[D]. 杭州：浙江工商大学，2008.
④ 约瑟夫·熊彼特. 资本主义、社会主义与民主[M]. 北京：商务印书馆，2009.

本书所述"创新创业"中的"创业"指的是科技型企业创业，是指以一定技术含量和技术创新性产品为基础，创建新企业的经济实践活动，是一个将创新成果商业化、产业化的过程。创业者通常掌握一定技术，该技术是创业企业初期成长的主要推动力。

2.1.3 本研究对创新创业的定义

据此，本研究所述的"创新创业"是指以实现经济效益为目标，以改良产品性能和提高生产效率为方向，以产品创新和工艺创新为抓手，以科学发现和技术发明为基础支撑，组织创建新企业的实践活动。与一般意义的创新相比，本研究的"创新创业"是一种以产生实际收益为目的的行为，更加强调最大化休现出创新的经济价值，即通过创新创业，将内在的知识技术创新转化为外在的产品服务创新，从而创造新价值的商业化、产业化的过程，是一种基于科技创新的创业。与一般意义的创业相比，本研究的"创新创业"需要考虑创业过程中是否融合了创新因素，更加突出创业者的创新能力，要求创业者具备较高的创新意识和独特的创新思维，能够在企业发展遇到困难和瓶颈时扩展思路，寻求最优解决办法，有效提高创业成功的可能性。

本研究中的创新创业，其主体以从事高新技术研究相关的科创企业及支持机构为主，需要具备整合研发经费及人才等相关创新资源的能力，通过在特定的经济社会发展水平、治理能力、公共服务设施及新型基础设施建设情况等环境中综合作用、发展突破，努力实现知识创造、经济效应、社会效应等绩效的最大化。

2.2 创新创业的特征

知识经济时代知识创新创业为人类社会和经济发展做出了巨大贡献，各国发展科技与经济的无数事实证明，创新创业已成为增强国家竞争力和经济增长的主导力量。当前，创新创业主要呈现出以下显著特征。

2.2.1 创新创业参与主体多元化，涉及主体、信息、平台等多个维度

与单纯的创新或者创业相比，创新创业涉及的参与主体数量更多、分布更广、联系更紧，多元化主体构成的网络结构更加纷繁复杂。创新创业非独立个人、企业或团体的独立行为，而是企业、高校、政府和科技服务中介机构等组织广泛参与的一项系统工程，结构的系统化要求创新创业各环节间密切关联，形成互利共生、协同发展的创新生态系统；信息技术的迅猛发展，促进创新创业借助网络形成发展的基础，多主体互联共享，同样形成协同网络合作关系，组织机构间逐步打破边界，破除了创新创业壁垒，实现资源的共享，提高创新创业效率。

2.2.2 创新创业的社会性更加突出，促进释放创新创业潜能

社会性是指一定的社会环境下，为了追求某种目标而展开的一种商业经营活动有很强的外溢效应，对社会产生积极影响。在创新创业的环境背景和公平竞争、开放共享的市场机制下，创新创业行为可以利用创业者的知识产出获取回报收益，并对社会产生经济价值，实现个人价值与社会价值的统一。

2.2.3 创新创业难度较大，对创业者提出更高要求

由于创新创业是创新活动和创业活动的深度融合，一方面展示出创业者在创新精神、创新意识、创新能力等方面的独特个性，另一方面也体现出专业知识、核心技术、人才团队、运作资金、创新能力等必不可少的创业资源。在创新和创业二者本身均具有高度不确定的前提下，需要通过科学合理的方式将二者有机结合，开展创造性的实践活动，创造新的行业和市场，实现价值增值。

2.3 创新创业的趋势

创新创业在稳定和扩大高质量就业、推动新旧动能转换和结构转型升级中的作用愈发突出，引发了社会各

界的广泛关注。学者们对创新创业未来发展趋势展开探讨和研判并形成一些共性认识，具体如下。

2.3.1 数字技术打开创新创业发展"新窗口"

互联网技术的快速发展，带动了产业结构和消费结构的转型升级，也触动了创业创新机会空间逐步向外部迁移，以适应消费群体特征的变化及市场价值链变迁的多元化需求。数字经济时代的到来，一方面促进了企业创新创业形态和行为方式的深刻变革，另一方面也为创新创业指明了新的发展方向。邱灵等（2018）的研究指出，数字经济的发展变化已经渗入到人们生产生活的各个方面，共享经济创新与实体经济的融合发展趋势不断上升，引发了人类生产生活方式的深刻变革；加之政府一系列政策举措的扶持，数字技术将成为创新创业发展的新"风口"。[1]从创新的技术依赖上来讲，程都和邱灵（2019）的研究指出，传统经济的数字化转型，使数字经济为基础的新经济运行模式成为推动经济增长的内生动力，创新的技术依赖导向，使得数字经济成为创新创业的下一个冲击点。[2]从产业链变革趋势来讲，韩豫川等（2019）的研究指出，数字经济的信息技术共享，促进垂直产业间的有机结合，产业结构的升级催生经济的新增长点，为创新创业提供了发展的"蓝海"。[3]

① 邱灵，韩祺，姜江. 我国创新创业发展形势及建议[J]. 宏观经济管理，2018（05）：17-23.
② 程都，邱灵. 基于评价指标视角的创新创业发展趋势研究[J]. 宏观经济管理，2019（05）：30-37，44.
③ 韩豫川，邓航，李靖，等. 数字经济创业创新路，未来如何走？[J]. 经济，2019（05）：106-110.

2.3.2 创新创业组织模式向多主体的耦合式变迁

伴随信息技术的高速发展，信息资源共享和主体参与创新的方式更为便捷。为适应信息技术发展，创新创业中固有的组织模式亟须转型升级，市场经济中也涌现出新的发展业态和模式。李涛和高良谋（2016）基于技术多元数据整合视角的研究指出，为在数据共享时代实现高价值的获取和创造，企业在数据泛化的过程中逐步打破边界，摒弃老旧的组织模式，向纵向与横向互补耦合、用户参与体验式创新及多种形式耦合的模式延伸，形成行之有效的新型组织模式。[①]资源需求导向下，辜胜阻（2015）指出，创新、创业、创投三者并驾齐驱，商业模式、投资模式、管理机制等多维机制相互交织，为创新创业发展谋得更多"红利"，从而衍生了创业企业组织发展新模式。[②]基于创新社区模式的出现，史可欣（2020）的研究指出，用户参与式的创新模式通过知识共享、技术调试、测试支持为创新创业组织提供新的发展模式，开放式的多主体耦合创新成为发展的新趋势。[③]

① 李涛，高良谋."大数据"时代下开放式创新发展趋势[J].科研管理，2016，37（07）：1-7.
② 辜胜阻.新一轮创业创新浪潮的六大特征[N].经济日报，2015-08-20（014）.
③ 郭爱芳，王姝婷，等.企业主导虚拟创新社区用户参与对新产品创意产出的影响[J].浙江理工大学学报（社会科学版），2021，46（02）：135-142.

2.3.3 双创主体多元化活力加速释放

李克强总理在2019年十三届全国人民代表大会第二次会议政府工作报告中指出，为促进我国创新创业发展，要"鼓励更多社会主体创新创业，拓展经济社会发展空间"，为创新发展集聚新动能。为更好地发挥创新创业的就业带动作用，黄义衡和康宇（2020）的研究指出，创新创业更加关注高校毕业生、农民工等重点群体创业就业诉求，积极鼓励不同地区、不同行业出台一系列政策措施，引导更多社会主体投身创新创业。[①]此外，在当前的国际形势下，面对金融危机和新冠疫情的冲击，留学归国人员、科技精英、大学生创新创业现象喷涌，呈现创业主体多元化特性。中国科协创新战略研究院发布的《大众创业万众创新评估》中也指出，科技工作者和大学生成为双创动力的主要来源。且结合"大众创业，万众创新"的内涵，双创主体业从精英阶层向草根阶层延伸，范围不断拓展，催生新的创新创业思潮（关秀梅等，2019）。[②]

2.3.4 创新创业中中小企业核心作用凸显

我国各类企业总量高达十几亿户，其中小企业占企业总量的近80%，由此可见中小企业是我国市场经济

---

① 黄义衡，康宇.双创指数城市排名分析，《双创蓝皮书：中国双创发展报告（2019—2020）》[M].北京：社科文献出版社，2020，16-34.
② 郑秀梅，王海燕，宋亚辉."双创"与经济发展——基于多层次模糊综合评价法的实证研究[J].科技管理研究，2019，39（24）：78-84.

主体中数量最大、活力最强的群体；充分激发中小企业创新创业热情，将极大地促进我国双创动能的发展。邱灵等（2018）的研究指出，企业在我国的技术创新中担任核心角色，是研发专利的主要来源，创新型中小企业在近些年的经济发展中表现尤其亮眼；政府在创新创业发展中逐步加大了对中小企业的扶持力度，突出其创新主体地位，并重点关注小微企业和初创企业的发展。蔡玉婷和蒋勋（2019）基于协同创新视角的研究指出，初创企业为在新经济背景下谋求合法进入市场和未来发展的机会，更关注创新生态系统的互助合作及协同创新，初创小微企业的加入，将加速创新创业协同链条的构建。[①]

2.3.5　创新创业面临的商事制度将进一步优化

政府自上而下的主动作为，不断深化商事制度改革，为创新创业提供便利条件，纵深推进"大众创业、万众创新"。中国青年创业就业基金会和恒大研究院发布的《中国青年创业发展报告（2020）》指出，政府通过构建人力资源共享中心，建立产学研合作平台，一方面增加了创新要素中人力资源的补给，另一方面为创业企业提供了技术性团队和高新技术的有效支撑，提升

---

① 蔡玉婷，蒋勋. 我国创新创业领域研究现状、热点与发展趋势——基于CSSCI（1999—2018）数据[J]. 西南民族大学学报（人文社科版），2019，40（11）：235-240.

了创业主体的创新能力和创新的产出效率。刘畅和王蒲生（2020）指出，为保护创新创业的发展萌芽，政府及相关机构对创新创业的基础资源投入不断增加，投入涉及人才、资金、技术及基础设施等诸多方面，在金融扶持上举措众多，旨在综合运用政府财政支持、补贴、税费减免、政府引导基金、产业投资引导基金、创业投资引导基金、融资担保等组合工具为创新创业发展提供保障。[①]此外，2020年李克强总理在十三届全国人民代表大会第四次会议上指出，"健全科技成果产权激励机制，完善创业投资监管体制和发展政策"，推进创新创业市场化改革，提升主体创业活力和产业创新发展能力。这都说明了政府主导创新创业发展变革的决心与战略导向。

2.3.6 "产学研用金介政"协同是创新创业主要模式

《双创蓝皮书：中国双创发展报告（2019—2020）》强调，"信息技术的普适性和金融和其他服务在工业化中后期国家的高成长性"，导致创新的性质发生了根本性转变；通过原有途径转化的创新成果产出效率低，因此创新创业融合发展成为突破经济增长困境的新方向。此外，创新创业行为为一项系统工程，需要创新创业体

---

① 刘畅，王蒲生."十四五"时期新兴产业发展：问题、趋势及政策建议[J]. 经济纵横，2020（07）：77-83.

系中的多元主体协同合作，王晶晶（2020）在其研究中提到，为巩固提高我国科技成果产业化的能力，创新创业亟须实现纵深发展，强化多元化自主知识产权与创新创业主体间的协同创新，形成产、学、研、用、金、介、政齐备的协同创业创新体系（辜胜阻，2015），构建出均衡协同发展的创新创业生态系统[①]。

综上，未来创新创业发展的共性趋势是借助人工智能、大数据等数字技术的引领，积极发挥多元主体的创新优势；同时借助政府的政策引导和制度保障，实现创新创业主体融通发展；并利用大企业、平台企业极易孵化园区的资源整合能力，拓展新型开放式创新创业组织模式，构建协同发展的创新生态系统，创造氛围浓厚的创新创业文化氛围，实现创新创业的协同融合发展，激发经济发展新动能。

---

① 王晶晶. 四大举措推动"双创"向纵深发展[N]. 中国经济时报，2020-10-21（6188）.

第3章

2014—2019年
中国创新创业
特征分析

3.1 中国创新创业特征与趋势

2014年，李克强总理在第八届夏季达沃斯论坛开幕式上发出"大众创业、万众创新"号召之后，我国创新创业持续向更大范围、更高层次和更深程度推进。资金、人才等创新创业投入力度持续增大，各类市场主体蓬勃成长，政策支持、基础设施、公共服务等创新创业环境明显优化，创新创业打造发展新动能和带动高质量就业的成效显现。

3.1.1 创新创业投入

（1）创新创业资金投入

研发经费投入呈现持续增长态势，总规模稳居全球第二，投入强度超过部分发达国家。 2014—2019年，我国研发经费投入总量快速增长，年均增长速度达到11.1%。2019年研发经费投入达到22143.6亿元，规模继续稳居全球第二。（见图3-1）研发经费投入强度同样表现出持续增长态势，2019年增长至2.23%，超过英国，并达到世界中等发达国家水平。

企业研发经费投入主体地位稳固。 2019年全国各类企业研发经费支出达16921.8亿元，与2014年（10060.6亿元）相比增长了68.2%，在全国研发经费总支出中的占比接近80.0%。其中，2019年规模以上

2014—2019年，我国研发经费投入总量快速增长，年均增长速度达到

11.1%

◀ 图3-1　2014—
2019年中国研发经费
投入总量
工业企业（以下简称"规上工业企业"）研发经费支出
为13971.1亿元，与主营业务收入之比达到1.32%，与
2014年相比分别提高了51.0%和65.0%，提前并超额
完成了《"十三五"国家科技创新规划》中2020年达到
1.1%的目标任务。（见图3-2）

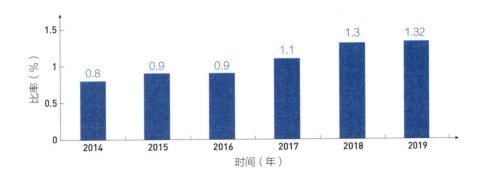

◀ 图3-2　2014—
2019年中国规上工业
企业研发经费支出与主
营业务收入之比
政府引导基金支持力度明显增强。 政府引导基金是
指由政府出资设立，通过股权或债权等方式吸引各类
社会资本参与的政策性基金。我国政府引导基金数量与
规模经历了2015年和2016年的"井喷式"增长后进入
了现在的稳步增长阶段。如图3-3所示，截至2019年6

◀ 图3-3 2014—2019年中国政府引导基金情况

月底，我国共成立1311支政府引导基金，总规模达到19694亿元；与2014年年底的209支和1293.39亿元相比分别增长了约5.3倍和14.2倍，作用范围也从早期主要着眼于创业投资企业开始更加均衡地投向各阶段、多个领域。

创业风险投资机构快速发展，投资规模持续扩大。

◀ 图3-4 2014—2019年中国创业风险投资情况

如图3-4所示，截至2019年年底，全国各类创业风险投资机构数量增至2994家，创业风险投资机构管理

资本总额增加至9989.1亿元，创业风险投资累计投资数目达25411个，创业风险投资累计投资金额达到5636.8亿元，与2015年年底相比分别增长了68.7%、50.0%、46.2%和67.7%。

（2）创新创业人才投入

研发人员规模连续多年稳居世界第一，研发人员密度明显增大。 2014—2019年，我国研发人员全时当量继续保持增长态势，年均增长速度5.3%；截至2019年年底，我国研发人员全时当量达到480.08万人年，高于日本、德国、英国和法国等世界主要创新型国家，研发人员规模连续多年稳居世界第一。与此同时，我国每万名就业人员中研发人员全时当量，即研发人员密度同样保持增长态势，由2014年的48.6人年/万人增加至2019年的63.6人年/万人，增幅接近30%，研发人员密度明显增大。（见图3-5）

◀ **图3-5** 2014—2019年中国研发人员情况

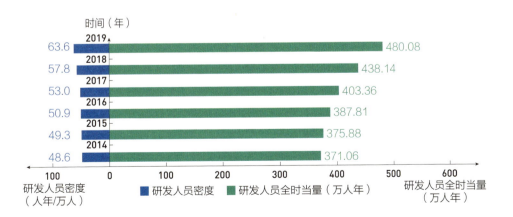

以科技人员、大学生、留学归国人员、大企业高管等创业人员为代表的创新创业"新四军"崛起壮大。根据众创空间统计数据，2019年全国创业团队人员数量达到89万人，其中应届大学毕业生15.5万人。截至2017年，我国科技人员创业人数接近4.5万人，与2016年相比增长了2.6倍；大学生创业人数接近9万人，与2016年相比同样增长了2.6倍；留学归国人员创业人数接近0.8万人，与2016年相比增长了1.6倍；大企业高管离职创业人数接近1.5万人，与2016年相比增长了约2倍。

3.1.2 创新创业主体

各类市场主体蓬勃成长。全国市场主体稳步增长，截至2019年年底，全国市场主体数量达到1.23亿户，与2014年年底相比增长了78.0%。其中，企业实有户和个体工商户持续增长，2014—2019年平均每年新增企业数量超过400万户，新增个体工商户650余万户，截至2019年年底分别达到3835.3万户和8261.0万户。（见图3-6）

◀ 图3-6 2014—2019年全国市场主体情况

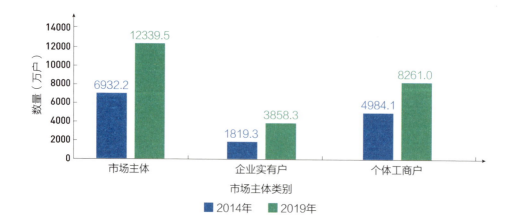

高新技术企业、科技创新企业数量不断增多。

2014—2019年，我国高新技术企业和科技型中小企业数量稳步增长，如图3-7所示，截至2019年全国高新技术企业近21.9万个，科技型中小企业超过15.1万个。科创板和创业板上市企业数量同样呈现增长态势，截至2019年年底达到860多个，与2014年相比翻了一番。

◀ **图3-7** 2014—2019年中国高新技术和科技创新企业数量

一批具有国际竞争力的科技创新企业迅速发展壮大。我国入选CB Insights全球独角兽企业榜单的企业数量不断增加，截至2019年，我国共有92个公司上榜，占全球总数的28.2%，仅次于美国，位居全球第

◀ 图3-8 2016—2019年中国入选CB Insights全球独角兽企业榜单的企业数量

二；此外，华为、联想、中国中车集团、中国电科等企业进入世界500强，我国科技创新企业国际竞争力明显提升。（见图3-8）

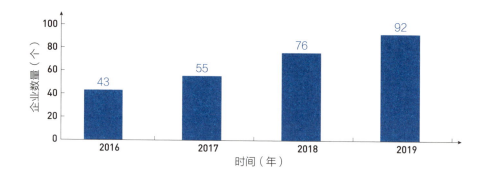

3.1.3 创新创业环境

营商环境得到明显改善。世界银行《全球营商环境报告2020》显示，中国营商环境总体得分在受评的190个经济体中排名第31，相较于2014年（排名第96）提升了65位，并连续两年跻身全球营商环境改善最大十大经济体行列。各项分指标也均有不同程度提升，其中开办企业（第27）、获得电力（第12）、登记财产（第28）、保护中小投资者（第28）、执行合同（第5）5个指标进入全球前30名。（见图3-9）

创新创业政策体系不断丰富健全。2014年后，我国掀起了创新创业的浪潮。国务院及其下属部门作为创新创业政策的顶层设计者持续发布创新创业相关政策，逐步构建了宏观管理政策为主干，财政、产业、区域、人才、环境等部门政策为重点，其他部门政策为

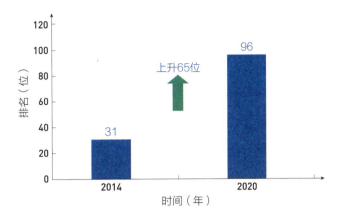

◀ **图3-9**　2014—2020年全球营商环境中国排名

补充的较为完善的创新创业政策体系。据不完全统计，2015—2019年国务院及其直属部门发布各类创新创业政策超过400条，纳入统计的全国 30 个省（市、区）发布创新创业政策合计接近2500条，政策内容涵盖宏观管理、财政金融、人才队伍、重点科技产业发展、产学研合作和科技成果转化、创业政策、环境优化、基地平台建设、知识产权保护、评价激励等多个方面。

创新创业服务体系更加健全完备。 自2016年启动"双创"示范基地建设以来，截至2019年我国已累计建成120个"双创"示范基地，覆盖区域、高校和科研院所、企业等多个领域，形成了一系列可复制推广的典型经验做法，"双创"示范基地在创新创业方面的示范带动效应更加凸显。与此同时，我国创业孵化机构数量呈现快速增长态势，创新创业平台不断健全。如图3-10所示，2014—2019年，全国科技企业孵化器数量从1748个增至5206个，年均增长速度25.0%，累积孵化

◀ 图3-10 2014—2019年中国创业孵化机构情况

企业16.1万个。2016—2019年，全国众创空间数量从4298个增至8000个，增幅达86.1%，累积服务创业团队约73万个。科技企业孵化器与众创空间共同形成了接递有序的创新创业孵化链条，我国已经成为全球孵化器数量最多的国家。与此同时，创业技能培训和创业服务指导形式不断丰富完善。2015—2018年，历年全年共组织创业培训数量分别为211万人次、230万人次、219万人次和201万人次；自2015年以来成功举办六届"双创活动周"，2017年和2019年成功举办了第一届和第二届全国创业就业服务展示交流活动，全方位展示了创业以及创业就业服务领域的最新成果，搭建了对接创业实践和理论前沿的深度交流平台。

3.1.4 创新创业效益

国家整体科技创新实力明显提升。根据世界知识产权组织发布的《2020年全球创新指数》，中国综合创新能力排名全球第14，不仅是中等收入经济体中唯一进入前30名的国家，同时也已超过日本、法国等世界主要发达国家，如期（2020年）迈入了创新型国家行列，与2014年排名第29相比提升了15位。

以科技论文、专利等表征的知识产出总量位居世界前列，质量明显提升。 科技论文方面，2018年中国被国外三大检索工具《科学引文索引》（SCI）、《工程索引》（EI）和《科技会议录索引》（CPCI）收录的科技论文数量分别为41.8万篇、26.6万篇和5.9万篇，分别位居世界第二、第一和第二；同时论文质量也明显提升，根据基本科学指标数据库（ESI）论文被引用情况，2018年中国科技论文被引用次数排名世界第二[①]。专利方面，2019年我国每万人发明专利拥有量达到13.3件，与2015年（6.3件）相比翻了一番；与此同时，根据世界知识产权组织公布的数据，2019年中国通过《专利合作条约》（PCT）提交的国际专利申请总量达到5.9万件，超过美国，首次跃居全球第一，与2014年（2.56万件）相比翻了一番。（见表3-1）

科技进步支撑经济社会发展的重要作用愈发突出。 2014—2019年，我国技术合同成交金额年均增速高达23%，截至2019年，全国技术合同成交金额（技术输

---

① 科技发展大跨越　创新引领谱新篇——新中国成立70周年经济社会发展成就系列报告之七.
http://www.gov.cn/shuju/2019-07-23/content_5413524.htm.

表 3-1　2014—2019 年中国知识产出情况

具体指标		2014 年	2019 年	增幅(%)	目前世界排名
国外三大检索工具收录科技论文数(万篇)	科学引文索引(SCI)	26.5	41.8*	57.7%	2
	工程索引(EI)	17.3	26.6*	53.8%	1
	科技会议录索引(CPCI)	5.7	5.9*	3.5%	2
PCT 国际专利申请量(万件)		2.56	5.9	130.5%	1

注：*为2018年数据。

入和输出之和)达到22398.4亿元,首次突破2万亿元;单位技术合同成交额由2014年的2.9万元上升至2018年的4.3万元,单个技术合同的成交额明显增加。与此同时,我国科技进步贡献率不断提高,由2008—2013年的53.1%提高至2014—2019年的59.5%,上升了6.4个百分点。(见图3-11)

创新创业带动高质量就业成果显著。市场主体是就业机会的主要提供者,我国企业实有户、个体工商户等各类市场主体蓬勃成长,创造了更多就业机会。

◀ **图3-11**　2008—2019年每5年的中国科技进步贡献率

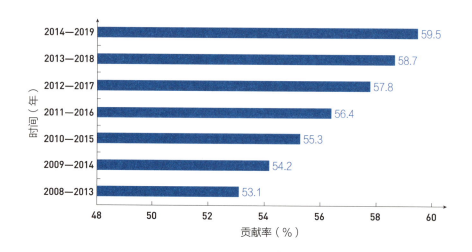

2014—2019年，我国个体工商户每年带动就业人口占全国就业人员的比重由13.7%提高至22.8%；高新技术企业年末从业人员数量由1914.8万人增长至3437.0万人，年均增速更是高达12.5%，明显比同期全国就业人员整体增长速度快0.06%。（见图3-12）

◀ 图3-12 2014—2019年创新创业带动高质量就业情况

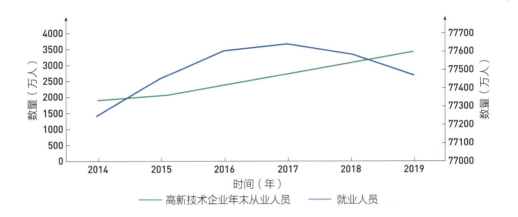

高新技术企业创新成果丰硕，加快经济新动能发展壮大。2014—2019年，我国高新技术企业数量及经济产出指标保持快速持续增加，为有力推动高新技术产业、战略性新兴产业等新动能壮大发展贡献了积极作用。截至2019年年底，全国高新技术企业数量达到21.9万个，全年实现工业总产值32.4万亿元，接近当年国内生产总值的1/3；上缴税额1.8万亿元，占全国税收收入的11.4%；出口创汇7114.1亿美元，占全国外贸出口总额的15.6%。规上工业企业新产品销售收入及其在主营业务收入中的占比明显增大，由2014年的12.9%上升至2018年的19.3%。（见表3-2）

表 3-2　全国高新技术企业主要经济指标

年份	入统企业数（个）	年末从业人员（万人）	营业收入（亿元）	工业总产值（亿元）	净利润（亿元）	上缴税额（亿元）	出口创汇（亿美元）
2014	62556	1914.8	217304.8	211335.9	14399.2	10674.8	5068.6
2015	76141	2045.2	222234.1	189757.5	14894.8	11052.1	4768.7
2016	100012	2360.7	261093.9	212268.8	18859.7	13159.1	4694.9
2017	130632	2735.5	318374.1	243898.0	23217.1	15578.3	5600.7
2018	172262	3131.6	389203.7	288706.3	26140.3	18000.8	6801.4
2019	218544	3437.0	450957.7	324137.4	27340.7	17988.0	7114.1

3.2 中国省域创新创业特征与趋势 ①

尽管我国创新创业投入、产出等总量指标逐年增加，创新创业环境不断优化，但在省域层面仍旧呈现出不均衡的态势，北京、上海、江苏、浙江、广东等发达省市仍旧是我国创新创业投入强度大、创新创业效益优的地区。

3.2.1 创新创业投入

（1）创新创业资金投入

从研发经费投入强度来看，高于全国平均水平的省市基本均为东部沿海发达省市，其中北京更是遥遥领先。2019年全国研发经费投入强度为2.23%，高于全

---

① 考虑到数据可得性，本章主要对我国30个省（自治区、直辖市）开展省域及地区层面的创新创业特征与趋势分析。西藏、香港、澳门、台湾数据不包含在内。

国平均水平的省市中除了陕西省（2.27%）外其余均来自东部沿海发达省市，其中北京更是以6.3%遥遥领先，其次为上海、天津、广东、江苏、浙江5个东部沿海发达省市，研发经费投入强度均高于2.5%。相比之下，全部中部、东北部地区，以及绝大部分西部地区的研发经费投入强度均未达到全国平均水平，其中广西、青海、海南和新疆成为全国研发经费投入强度最低的4个地区，不足0.8%。

从研发经费投入总量增速来看，中西部地区明显加快，而东北部地区的黑龙江表现出负增长。2014—2019年，我国研发经费投入总量年均增速最快的前十个地区中中西部地区占据8席，其中贵州、云南、江西成为增幅最大的地区，年均增速均超过20%。与此相反，黑龙江的研发经费投入不升反降，年均增速为-2%，实际上，除了2019年外，2014—2018年，黑龙江研发经费投入总量均呈负增长。（见图3-13）

广东、北京、江苏、浙江、山东等东部沿海发达省市是我国政府引导基金数量最多、规模最大的地区，其中广东的政府引导基金数量和规模均处于全国第一。截至2019年上半年，我国政府引导基金数量最多的三个省份依次为广东、江苏、山东，占全国政府引导基金总数量的31.35%；政府引导基金规模最大的三个省市依次是广东、北京、江苏，占全国政府引导基金总额度的40.87%。其中，广东以152支的数量（占全国总量的11.59%）、3389亿元的规模（占全国总量的

◀ 图3-13 2014—2019年中国各省（自治区、直辖市）研发经费投入情况

17.21％）成为全国政府引导基金数量最多、规模最大的省份。（见图3-14）

（2）创新创业人才投入

从研发人员密度来看，高于全国平均水平的省份基本均为东部沿海发达省市，其中北京亦是遥遥领先。

◀ 图3-14 截至2019年上半年，政府引导基金规模前十省市

2019年全国研发人员密度省域平均水平约为50.4人年/万人，高于全国平均水平的省市中除了直辖市重

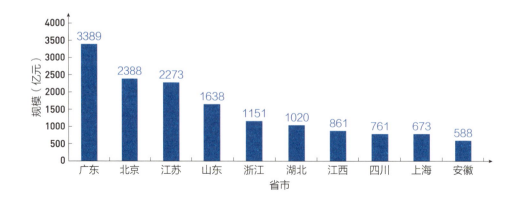

庆外其余均来自东部沿海发达省市,其中北京更是以216.0人年/万人的研发人员密度遥遥领先,其次为上海、浙江、江苏、广东、天津、福建6个东部沿海发达省市。相比之下,全部中部、东北部地区,以及绝大部分西部地区研发人员密度均未达到全国平均水平,其中甘肃、广西、海南、青海和新疆成为全国研发人员密度最低的5个地区,不足15人年/万人。

从研发人员增速来看,少部分省市保持两位数增长,近1/3省市增速不足1%甚至出现负增长。 2014—2019年,江西(19.9%)、云南(13.7%)、重庆(10.9%)、广东(10.3%)4个省市的研发人员数量保持年均两位数的增长速度,其余地区则不足10%。相比之下,辽宁(0.4%)、山东(-0.4%)、甘肃(-0.5%)、山西(-0.6%)、新疆(-2.3%)、吉林(-2.5%)、天津(-3.7%)、黑龙江(-5.7%)、内蒙古(-6.6%)9个地区同期增速低于1%甚至出现负增长。(见图3-15)

◀ **图3-15** 2014—2019年中国各省(自治区、直辖市)研发人员投入情况

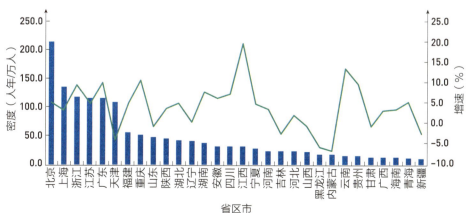

2019年研发人员密度 — 2014—2019年研发人员年均增速

从创新创业人数来看，北京、广东、江苏、浙江、山东、上海、河南成为我国创新创业人才最为丰富的地区。根据众创空间统计数据，2017年，北京、广东、江苏、浙江、山东、上海、河南拥有的科技人员、大学生、留学归国人员、大企业高管等创业人员数量基本均位居全国前六，如图3-16所示。

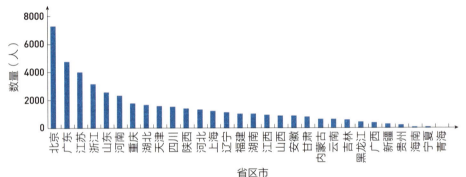

（a）科技人员创业人员数量

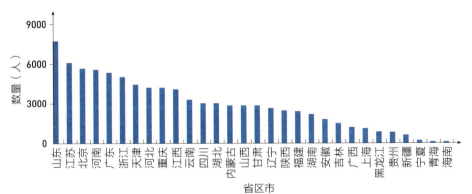

（b）大学生创业人员数量

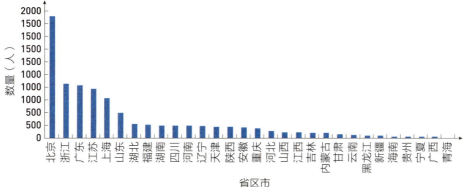

（c）留学归国人员创业人员数量

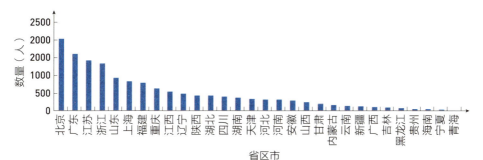

（d）大企业高管离职创业人员数量

图3-16　2017年全国各省（自治区、直辖市）四类创新创业人员数量

3.2.2 创新创业主体

　　广东、江苏、北京、浙江、上海等东部沿海发达省市是我国高新技术企业最为集中的地区，其中广东是我国高新技术企业数量最多且增速最快的省份。从总量上看，2019年我国高新技术企业数量最多的地区前六位均位于东部沿海发达地区，广东更是以接近5万

家而高居全国第一，与其他地区拉开较大距离。从增速来看，2014—2019年，除广东以年均52.1%的增速位居全国第一之外，增速最快的十大地区主要来自中部和西部地区，例如，江西（45.2%）、河北（42.3%）、贵州（41.5%）、内蒙古（38.5%）、广西（38.2%）、甘肃（35.6%）等增速排名均进入全国前十。（见图3-17）

◄ **图3-17** 2019年全国各省（自治区、直辖市）高新技术企业情况

3.2.3 创新创业环境

广东、江苏、浙江、山东、河北是我国创业孵化机构较为集中的地区。我国创业孵化机构主要集中在创新创业活力较强、风险投资数量较多的东部地区。2019年，全国创业孵化机构最多的五个省份为广东、江苏、浙江、山东、河北，其总量分别占全国科技企业孵化器总数量和众创空间总数量的54.1%和45.5%。相比之

◀ **图3-18**　2019年全国各省（自治区、直辖市）科技企业孵化器和众创空间数量

下，宁夏、青海和海南是全国科技企业孵化器数量和众创空间数量最少的三个地区，均不足全国科技企业孵化器和众创空间总数量的1%。（见图3-18）

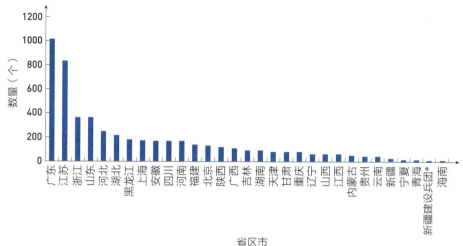

（a）科技企业孵化器

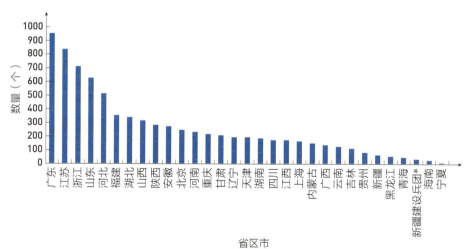

（b）众创空间

* 数据源于《中国火炬统计年鉴》，"新疆"与"新疆建设兵团"数据不交叉。

全国30个省（自治区、直辖市）持续建立健全创新创业政策。据不完全统计，2014—2019年，全国30个省（自治区、直辖市）发布的创新创业政策接近2700条。（见图3-19）

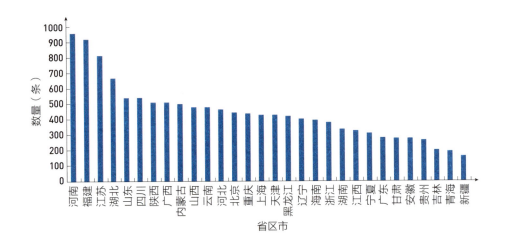

◀ 图3-19 2014—2019年全国各省（自治区、直辖市）创新创业政策累积数量

3.2.4 创新创业效益

北京、上海、浙江、广东、江苏等东部沿海发达省市是我国知识产出水平最高的地区。如图3-20所示，2019年，我国每万人专利有效数全国排名前十地区中东部地区占据八席，其中北京以303.2件位居第一并与其他地区拉开较大差距。上海（182.7）、浙江（174.9）、广东（156.6）、江苏（136.8）和天津（127.4）五省市位于第二到第六，水平较为接近。相比之下，青海、内蒙古、海南、新疆等地区每万人专利有效数不足15件，是全国知识产出水平相对较低的地区。（见图3-20）

北京、广东、江苏、上海等东部经济发达地区，以

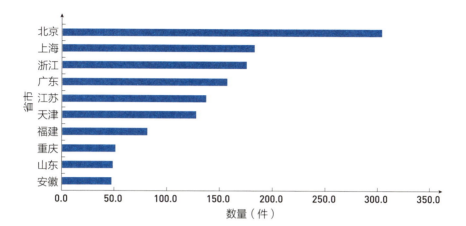

◀ **图3-20** 2019年每万人专利有效数全国排名前十地区

◀ **图3-21** 2019年技术合同成交额全国排名前十地区

及湖北、陕西、四川等中西部经济大省是我国技术交易活跃地区，其中北京一枝独秀。 2019年技术合同成交额全国排名前十地区仍以东部经济发达地区居多（占据7席），其中北京的技术合同成交额超过全国总和的1/5，与其他地区拉开较大差距，是全国最主要的技术输出地和技术吸纳地。此外，湖北、陕西、四川等中西部经济大省进入全国前十行列，分别位居第四、第七和第八。（见图3-21）

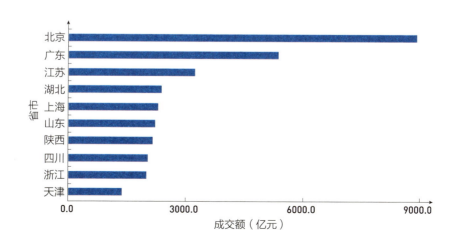

长三角的浙江、上海、安徽、江苏，以及珠三角的广东是我国科技产出商业化能力最强的地区。2018年，浙江（32.6%）、广东（28.5%）、上海（24.6%）、安徽（23.8%）、江苏（21.5%）五省市规上工业企业新产品销售收入占主营业务收入比位居全国前五，明显高于全国省域平均水平（13.8%）。相比之下，海南、新疆、甘肃规上工业企业新产品销售收入占主营业务收入比不足5%，是全国科技产出商业化能力相对较弱的地区。（见图3-22）

◀ 图3-22 2018年规上工业企业新产品销售收入占主营业务收入比重全国排名前十地区

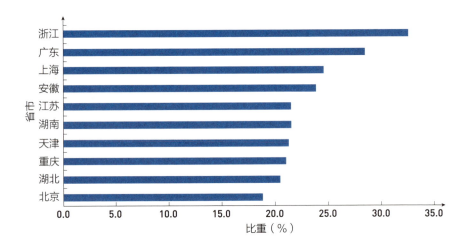

广东是全国高新技术带动就业能力最强的省份，江苏位居第二，中部的江西、湖南、河南以及西部的重庆和四川也表现出较强的就业带动能力。2018年，广东高新技术就业人口占总就业人口的比重接近20%，成为高新技术带动就业能力最强的省份；其次为江苏，高新技术就业人口占总就业人口的比重超过15%。与此同

时，中部地区的江西（10.5%）、湖南（6.8%）和河南（6.4%），以及西部的重庆（8.1%）和四川（6.6%）也进入了全国高新技术带动就业能力最强的前十地区，明显高于全国省域平均水平（5.1%）。（见图3-23）

◀ **图3-23** 2018年高新技术就业人口占总就业人口的比重全国排名前十地区

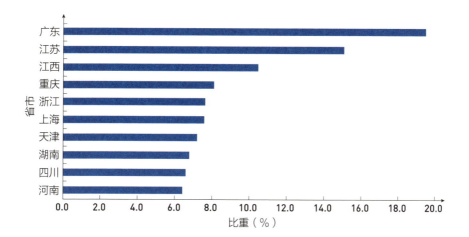

3.3 中国区域创新创业特征与趋势

省域之间的创新创业差异也将进一步引发地区层面的创新创业非均衡性。为揭示我国区域创新创业特征，本书按照地理区位将全国划分为华北、华东、华南、华中、西北、西南和东北七大地区①。结果显示，华东地区在创新创业投入、主体、环境、效益等方面均居于全

---

① 本书中，华北地区包括北京、天津、河北、山西、内蒙古；华东地区包括上海、浙江、江苏、安徽、山东；华南地区包括广东、广西、福建、海南；华中地区包括湖北、湖南、河南、江西；西北地区包括宁夏、新疆、青海、陕西、甘肃；西南地区包括重庆、四川、云南、贵州；东北地区包括辽宁、吉林、黑龙江；研究数据不含西藏、香港、澳门、台湾。

国第一，相比之下，西北和东北地区在上述方面则多处于全国排名最后。

3.3.1 创新创业投入

（1）创新创业资金投入

从研发经费投入强度来看，华东和华北地区分别位居全国第一、第二，西北是投入强度最低的地区。 2019年，华东和华北地区省均研发经费投入强度分别为2.7%和2.6%，分别高出全国平均水平（2.23%）21.1%和16.6%，成为全国投入强度最高的第一梯队。其次为华中、华南、东北和西南地区，但均不足全国平均水平。相比之下，西北地区省均研发经费投入强度为1.2%，仅接近全国平均水平的1/2，成为我国研发经费投入强度最低的地区。

从研发经费投入总量增长速度来看，西南地区是全国研发经费投入总量增长速度最快的地区，而东北地区增长速度最慢。 2014—2019年，西南地区以年均18.7%的增长速度成为全国研发经费投入增长速度最快的地区，华中地区（16.2%）紧随其后，华南、华东、西北地区也保持两位数的增长态势。相比之下，在这期间，华北地区的研发经费投入总量年均增速为6.9%，东北地区更是低至1.8%，与其他地区相比差距较为明显。（见图3-24）

华东是我国政府引导基金数量最多、规模最大的地区，而东北是数量最少的地区。 我国政府引导基金按地

2014—2019年，华北地区研发经费投入总量年均增速为
6.9%

◀ **图3-24** 2014—2019年中国各地区研发经费投入情况

区分，大致可划分为四个梯队：截至2019年上半年，华东地区累计成立581支政府引导基金，基金总规模达到7106亿元，数量和规模均位居全国第一。其次为华北和华南地区，二者政府引导基金数量及规模较为接近，约占全国总量的1/5，位居全国第二梯队。再者为华中和西南地区，约占全国总量的10%，位居全国第三梯队。相比之下，西北地区和东北地区，不足全国总量的5%，处于全国排名末位。（见图3-25）

（2）创新创业人才投入

从研发人员数量来看，华东地区研发人员较为密集，而东北和西北地区相对匮乏。 截至2019年，华东地区研发人员全时当量36.5万人年，其次为华南、华中、华北、西南和东北地区。相比之下，西北地区成为我国研发人员全时当量相对最少的地区，研发人员全时当量不足华东地区的10%。

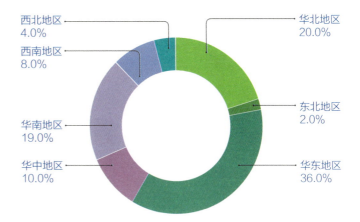

◀ 图3-25 截至2019
年6月中国政府引导
基金规模地区分布情况

◀ 图3-26 2014—
2019年中国各地区
研发人员投入情况

从研发人员增速来看，西南地区是全国年均增速最快的地区，华北和东北地区出现负增长。2014—2019年，西南地区研发人员年均增速为10.5%，成为全国唯一保持两位数增长的地区。华中地区紧跟其后，年均增速为9.2%。其次为华南、华东、西北地区，年均增速不足5.0%。此外，华北和东北地区的年均增速分别为-0.7%和-2.6%。（见图3-26）

华东和华北是我国各类创业人员最为集中的地区，东北和西北地区相对匮乏。根据众创空间统计数据，2017年我国科技人员、大学生、留学归国人员、大企业高管四类创业人员主要集中在华东和华北地区，分别占全国各类创业人员总人数的52.5%、47.2%、65.9%和53.6%。与此同时，华东和华北地区上述四类创业人员的拥有量也基本均位于全国七大地区前两位，特别是华东地区的上述指标均位居全国第一。相比之下，西北和东北地区上述四类创业人员的拥有量位居全国倒数第一、第二。（见图3-27）

◀ **图3-27** 2017年中国各地区创业人员数量

（单位：人）

— 大学生创业人数　　— 留学归国人员创业人数
— 科技人员创业人数　　— 大企业高管离职创业人数

3.3.2 创新创业主体

华东、华北和华南是我国高新技术企业最为集中的

地区。2019年，华东、华北和华南三个地区聚集了我国近80%的高新技术企业，其中华东地区是全国高新技术企业最多的地区。与此同时，上述三个地区也是拥有成长性好、发展潜力大的瞪羚企业及独角兽企业最多的地区，拥有的瞪羚企业及独角兽企业的数量占全国总数的九成以上。相比之下，西北、西南和东北地区高新技术企业数量最少，而具有较大发展潜力的瞪羚企业及独角兽企业更是几乎没有。（见图3-28）

◀ 图3-28 2019年高新技术企业地区分布情况

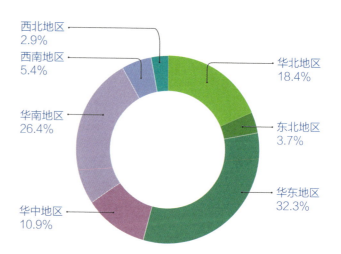

西北地区 2.9%
西南地区 5.4%
华南地区 26.4%
华中地区 10.9%
华北地区 18.4%
东北地区 3.7%
华东地区 32.3%

3.3.3 创新创业环境

华东是我国创业孵化机构数量最多的地区，西南、西北和东北地区相对较少。我国创业孵化机构主要集中在创新创业活力较强、创业风险投资机构数量较多的华东地区，2019年其拥有的科技企业孵化器与众创空间的数量占全国的比重均接近1/3，位居七大地区之首。其次为华南地区，其科技企业孵化器拥有量接近华东地区，但众创空间拥有量与华东地区有着明显差距。相比之下，西南、西北和东北地区创业孵化机构数量较少，科技企业孵化器与众创空间总数量占全国的比重均不足10%，位居七大地区最后三位。（见图3-29）

◀ 图3-29　2019年中国各地区创业孵化机构分布情况

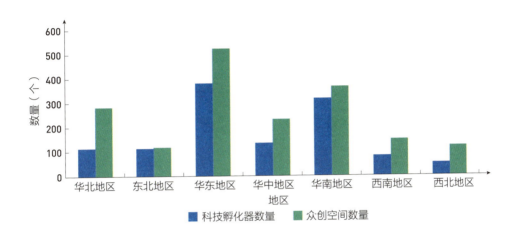

创新创业政策地区分布较为均衡。 据不完全统计，2014—2019年，我国各地区创新创业政策发布数量占全国总量的比重从大到小依次为华东、华北、华中、华南、西南、西北和东北，但差距不大，这表明全国各地区均在不断建立健全创新创业政策体系。

3.3.4 创新创业效益

华东地区和西北地区分别是我国知识产出水平最高和最低的地区。 2019年，华东地区每万人专利有效数为118件，位居全国第一。华北地区以97.4件、华南地区以66.8件，分别位列全国第二和第三。华东、华北

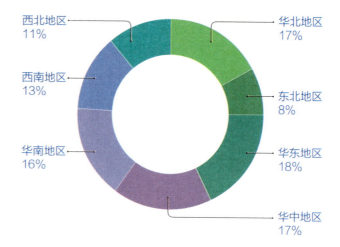

和华南三个地区与剩下的华中、西南、东北和西北四个地区之间拉开较大差距，其中华中和西南地区数量较为接近，每万人专利有效数分别为30件和32件；相比之下，东北和西北地区仅为25件和21件，是全国知识产出水平最低的两个地区。

◀ 图3-30 2014—2019年创新创业政策地区分布情况

我国技术交易呈现出明显的地区梯次递减特征，**其中华北和西北分别是我国技术交易最为活跃和最不活跃的地区。**2019年，华北地区技术合同成交额达到

◀ 图3-31 2019年全国各地区每万人专利有效数

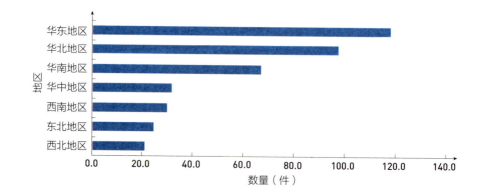

2402.1亿元，华东地区紧跟其后达到2165.1亿元。华南、华中、西南、东北、西北地区技术合同成交额依次递减，且地区之间有着明显差距，例如，排名第四的华中地区仅占第三西南地区的67.4%，排名最后的西北地区不足排名第一的华北地区的1/4。（见图3-32）

▲ **图3-32** 2019年全国各地区技术合同成交额

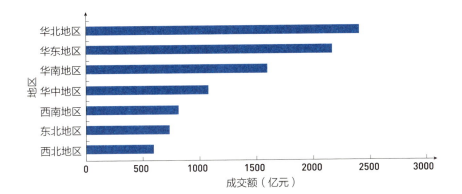

华东和西北地区分别是我国科技产出商业化能力最强和最弱的地区。2018年，华东地区规上工业企业新产品销售收入占主营业务收入比重为23.7%，与全国其他地区拉开了较大差距。华中地区以18.0%排在全国第二。华北、华南、西南和东北地区较为接近，规上工业企业新产品销售收入占主营业务收入的比重处于10%~15%，位于全国第三梯队。相比之下，西北地区科技产出商业化能力排在所有地区的最后，规上工业企业新产品销售收入占主营业务收入比重仅为6.4%，相当于华东地区的27.0%。（见图3-33）

华东、华南和华中是我国高新技术带动就业能力

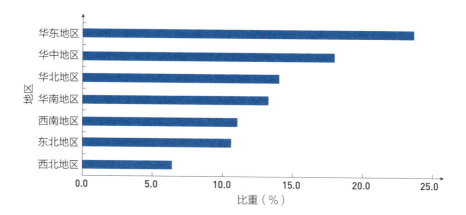

比重（%）

◀ 图3-33 2018年全国各地区规上工业企业新产品销售收入占主营业务收入比重

最强的地区。 2018年华东、华南和华中地区高新技术就业人口占总就业人口的比重分别为8.3%、7.7%和7.3%，明显领先于全国其他地区，体现出较强高新技术带动就业能力。其次为西南和华北地区。相比之下，东北和西北地区高新技术带动就业能力较弱，二者高新技术就业人口占总就业人口的比重不足2.5%。（见图3-32）

◀ 图3-34 2018年全国各地区高新技术就业人口占总就业人口的比重

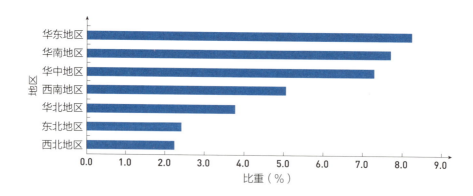

比重（%）

第4章

2014—2019年 中国创新创业 指数测算

从本质来看，指数是标准化的、易于理解和可比较的衡量指标。通过指标选取和集成、构建评价体系、选取合适数据样本、测算指数，以实现对全国、区域，以及各省（自治区、直辖市）创新创业发展情况的量化分析，客观反映我国创新创业发展形势，为微观经济主体的创新创业活动提供相关指引，为政府经济决策提供更加科学和有效的支撑依据。

4.1 创新创业综合指标评价体系构建原则

评估创新创业现状需要一套客观、科学的量化指标。指标评价体系的构建是创新创业发展水平评级的核心内容，也是评价结果准确性与可靠性的前提条件。本书构建的创新创业综合指标评价体系遵循以下几个原则。

（1）科学性原则： 紧扣评估目的，围绕创新创业这一研究主题，采用科学的方法，选取能够准确反映创新创业本质特征和实际情况的因素，设计选取能从各个维度反映创新创业发展的可靠指标。

（2）系统性原则： 创新创业综合指标评价体系既要确保整体评估，即能够从多维度尽可能全面地反映研究对象创新创业的特征和状况；也要确保不同层次、不同指标之间的内在逻辑关系和独立性，即指标之间有机联系组成层次分明的整体，避免交叉重复。因此创新创业综合指标体系的构建必须注意评价的系统性。

（3）可操作性原则：构建综合指标评价体系意在对创新创业进行量化和比较，因此在保证科学性、系统性等原则的同时，要充分考虑指标数据的可得性、测算方法的可行性，以及研究对象之间的可比性。

（4）前瞻性原则：当前，我国经济处于高质量发展新阶段，创新创业是经济高质量发展的重要体现。指标选取应具有一定的前瞻性，才能凸显指数的实际价值和前瞻意义。

（5）整体性与结构性兼顾原则：由于不同地区的相关指标在规模上可能存在较大差别，因此，在指标选取时，要充分兼顾指标的整体性和结构性，做到整体可加总，局部可拆解。

4.2 创新创业综合指标评价体系的构建

在严格遵循科学性、系统性、可操作性、前瞻性、整体性与结构性兼顾等构建指标评价体系基本原则的基础上，结合我国经济最新发展形势和创新创业发展特点，本书从要素、环境、主体、绩效四个维度出发构建了含有20个指标的创新创业综合指数评价体系，综合评估和研判我国各地区创新创业发展情况及成效，量化捕捉我国创新创业前沿变化，深度描绘我国创新创业发展的最新趋势和特征。（见表4-1）

表 4-1 创新创业综合指标评价体系

指数	维度	具体指标
创新创业综合指数	创新创业要素	科学技术经费支出占地方财政预算支出比例（%）（C1）
		规上工业企业研发经费占比（%）（C2）
		研发人员占就业人口比重（%）（C3）
		"新四军"创业人数（人）（C4）
		每十万人高校在校生数量（人）（C5）
	创新创业环境	民间投资占固定资产投资比重（%）（C6）
		研发费用加计扣除额（亿元）（C7）
		物流能力（万吨/天）（C8）
		移动互联网用户数（万人）（C9）
	创新创业主体	高新技术企业数量（个）（C10）
		科创板、创业板上市企业数量（个）（C11）
		独角兽、瞪羚企业数量（个）（C12）
		科技型中小企业数量（个）（C13）
		科技企业孵化器数量（个）（C14）
		社会投资机构（个）（C15）
	创新创业绩效	每万人发明专利拥有量（件）（C16）
		每万人技术合同成交额（万元）（C17）
		规上工业企业新产品销售收入占主营业务收入比重（%）（C18）
		高新技术产品出口额占货物总出口额的比重（%）（C19）
		高新技术就业人口占总就业人口的比重（%）（C20）

（1）**创新创业要素**。创新创业要素是指与创新创业相关的资源和能力的组合，包括资金投入和人力投入两个方面，具体涉及研发资金、企业投资、研发人员、创新创业者和潜在加入者等。

（2）**创新创业环境**。创新创业环境是指在创新创业过程中，影响创新创业主体进行创新创业的各种外部因素的总和，主要包括经济社会发展水平、治理能力、公共服务设施和新型基础设施建设情况四个方面。

（3）**创新创业主体**。创新创业主体是指创新创业活动的实践者，即从事相关的科技创新企业及支持机构，主要包括科技企业、科技创业载体、科技创新企业与投资机构四个方面。

（4）**创新创业绩效**。创新创业绩效体现在创新创业活动产生效果与业绩，主要包括科技效应、经济效应、社会效应三个方面的内容。

具体指标说明如下：

（1）**科学技术经费支出占地方财政预算支出比例（C1）**。单位为%，表示地方科学技术经费支出与财政预算支出的比值。

（2）**规上工业企业研发经费占比（C2）**。单位为%，表示规上工业企业研发经费支出占主营业务收入比重。

（3）**研发人员占就业人口比重（C3）**。单位为%，是指从事基础研究、应用研究和试验发展三类活动的人员数量与总就业人口的比值。研发人员包括直接参加上述三类活动的人员以及这三类活动的管理人员和直接服务人员。

（4）"新四军"创业人数（C4）。单位为人，指科技人员、大学生、留学归国人员、大企业高管等创业人员的数量。

（5）每十万人高校在校生数量（C5）。单位为人，表示平均每十万人中高等教育类学校在校生数量。

（6）民间投资占固定资产投资比重（C6）。单位为%，表示民营投资占全社会固定资产投资的比值。

（7）研发费用加计扣除额（C7）。单位为亿元，表示按照税法规定在开发新技术、新产品、新工艺产生的研发费用的实际发生支出额基础上，再加成一定比例，作为计算应纳税所得额时的扣除数额。

（8）物流能力（C8）。单位为万吨/天，指由地区物流系统的物质结构所形成的客观能力，以及区域对物流运作过程的组织与管理能力。

（9）移动互联网用户数（C9）。单位为万人，代表区域信号发展水平，使用移动终端的人数。

（10）高新技术企业数量（C10）。单位为个，表示当年国家高新技术企业数量。

（11）科创板、创业板上市企业数量（C11）。单位为个，表示当年科创板与创业板的上市企业数量。

（12）独角兽、瞪羚企业数量（C12）。单位为个，独角兽企业表示当年估值超过10亿美元的初创企业；瞪羚企业表示当年以科技创新或商业模式创新为支撑，具有高成长性的中小企业。

（**13**）**科技型中小企业数量（C13）。**单位为个，表示当年依托一定数量的科技人员从事科学技术研发活动，取得自主知识产权并将其转化为高新技术产品或服务，从而实现可持续发展的中小企业数量。

（**14**）**科技企业孵化器数量（C14）。**单位为个，表示当年各地区科技企业孵化器数量，科技企业孵化器是以促进科技成果转化、培养高新技术企业和企业家为宗旨的科技创业服务机构。

（**15**）**社会投资机构（C15）。**单位为个，表示当年社会投资机构数量，包括天使投资、私募股权、风险投资、FOF与FA。

（**16**）**每万人发明专利拥有量（C16）。**单位为件，指发明专利有效量与年末总人口比值，是衡量一个国家或地区科研产出质量和市场应用水平的综合指标。

（**17**）**每万人技术合同成交额（C17）。**单位为万元，指每万人技术市场合同成交项目的平均金额。

（**18**）**规上工业企业新产品销售收入占主营业务收入比重（C18）。**单位为%，表示规上工业企业新产品销售收入与主营业务收入的比值。新产品销售收入是企业收入的重要组成部分，反映了工业企业的技术创新能力。

（19）高新技术产品出口额占货物总出口额的比重（C19）。单位为%，表示高新技术产品出口额与货物总出口额的比值。高新技术产品出口日益成为我国对外贸易的重要内容，也是反映区域产业创新能力与国际竞争力的重要指标。

（20）高新技术就业人口占总就业人口的比重（C20）。单位为%，表示各地区高新技术从业人员平均人数与第一、第二、第三产业从业人员总数的比值。

4.3 指数测算方法与数据来源

4.3.1 指数测算方法

本书通过熵值法进行指数测算。利用信息熵这个工具，计算出各指标的权重，为多指标综合评价提供依据。由于这种方法是根据指标值变异程度来确定权重的，因此它具有较强的客观性。用熵值法进行综合评价的步骤是：

1）将各指标规范化，计算第 j 项指标下第 i 方案指标值的比重 P_{ij}：

$$P_{ij} = \frac{X_{ij}}{\sum_{i=1}^{m} X_{ij}}$$

2）计算第 j 项指标的熵值 e_j：

$$e_j = -k\sum_{i=1}^{m} p(x_{ij})\ln p(x_{ij})p(x_{ij})$$

其中 $k>0$，$e_j \geqslant 0$。如果 x_{ij} 对于给定的 j 全部相等，那么：

$$P_{ij} = \frac{x_{ij}}{\sum_{i=1}^{m} x_{ij}} = \frac{1}{m}$$

此时 e_j 取极大值，即 $e_j = -k\sum_{i=1}^{m}\frac{1}{m}\ln\frac{1}{m} = k\ln m$

3）计算第 j 项指标的差异性系数

对于给定的 j，x_{ij} 的差异性越小，则 e_j 越大；当 x 全部相等时，$e_j=e_{max}=1$，此时对于方案的比较，指标 x_{ij} 毫无作用；当各方案的指标值相差越大时，e_j 越小，该项指标对于方案比较所起的作用越大。

定义差异性系数：$g_j=1-e_j$。g_j 越大，指标越重要。

4）定义权重：$a_j = \dfrac{g_j}{\sum_{j=1}^{n} g_j}$

4.3.2 数据来源

本书采用的数据的时间跨度为 2014—2019 年，数据样本涵盖各省（自治区、直辖市）[①]。原始数据来源于历年《中国统计年鉴》《中国科技统计年鉴》《中国高

[①] 考虑到数据可得性，本书主要对中国 30 个省（自治区、直辖市）开展省域及地区层面的创新创业特征与趋势分析。西藏、香港、澳门、台湾数据未包含在本章分析中。

技术产业统计年鉴》《中国火炬统计年鉴》《中国互联网
络发展状况统计报告》、国家知识产权局统计年报、各
省（自治区或直辖市）统计年鉴、统计公报，以及各类
政府网站上的公开信息。

4.4 全国创新创业发展总体概况

党的十八大以来，我国不断出台各项支持政策，优
化创新创业环境，为推进创新创业快速发展铺平道路。
当前创新创业已经融入我国经济社会发展的方方面面，
在电子商务、金融科技、数据应用、智能服务等领域取
得明显成效，在助力我国加快构建新发展格局中发挥重
要作用。从总体来看，全国创新创业发展主要体现在以
下两方面。

4.4.1 创新创业水平不断提高，保持高速增
长态势

伴随我国经济高质量发展的不断推进，民间创新创
业热情持续上升，创新活力不断迸发，创新创业发展
水平持续提高。综合指数测算结果显示，2014—2019
年，我国创新创业指数从33.54提高到62.76，年均增
长率达到13.35%，快于同期国内生产总值增长率，总
体呈现蓬勃发展态势。当前，我国正加快构建以国内大
循环为主体、国内国际双循环相互促进的新发展格局，

强化国家战略科技力量是当前发展的重中之重。可以预见，我国重点科技领域的投入将进一步加大，数字科技迭代创新将进一步加速，新型基础设施建设步伐将进一步提速，未来较长一段时期我国创新创业发展仍将保持持续加速状态。（见图4-1）

◀ **图4-1** 2014—2019年全国创新创业综合指数

4.4.2 创新创业要素投入不断加大，创新创业主体不断涌现

推进创新创业水平提升是一项复杂的系统性工程，需要创新创业的要素、主体、环境、绩效等组成部分齐头并进、共同发力。近年来，我国创新创业要素投入不断加大，创新创业环境不断优化、创新创业主体不断增加、创新创业绩效不断提升。如图4-2所示，从分指数测算结果来看，2014—2019年，各分指数均保持增长

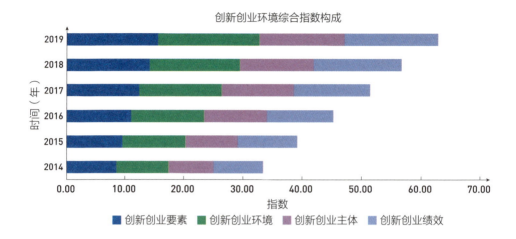

创新创业环境综合指数构成

■ 创新创业要素　　■ 创新创业环境　　■ 创新创业主体　　■ 创新创业绩效

◀ **图4-2** 2014—2019年创新创业综合指数构成

态势，年均增长率依次为：创新创业主体指数年均增长率13.99%、创新创业环境指数年均增长率13.69%、创新创业绩效指数年均增长率12.98%、创新创业要素指数年均增长率12.77%。其中，创新创业主体指数和环境指数的年均增长率要高于综合指数的年均增长率，而创新创业绩效指数和要素指数的年均增长率要低于综合指数的年均增长率。一方面，创新创业要素指数增速相对较慢，表明当前创新创业领域对要素的需求较大，各地需要加大投入力度。另一方面，创新创业绩效指数增速相对较慢则表明，除了创新创业的投入到产出之间存在一定的滞后外，我国应更加注重创新创业绩效的提升，加大对创新创业成果的考量，进一步提高效率。

4.5 省域创新创业指数概况

当前，由于新冠肺炎疫情所产生的连锁反应，全球金融环境收紧、贸易局势紧张，多个经济体表现疲软，大多数国家的经济下滑幅度甚至刷新了历史纪录，全球经济面临的风险挑战显著增加。在全球可能迎来大衰退的经济形势下，我国也面临经济下行的巨大压力。在此背景下，科技创新创业日益成为激发省域产业发展优势、推动省域经济高质量发展的重要驱动力。以创新提高发展质量，实现产业提质增效和创新升级；以创业带动就业，应对经济下行可能出现的就业问题。创新创业水平是一个地区利用各种资源开展一系列活动，所展现的地区创新创业发展程度和层次，反映了不同省域经济发展的韧性与创新。综合对我国各省（自治区、直辖市）创新创业指数的分析，省域创新创业发展情况主要体现在以下三个方面。

4.5.1 各地创新创业水平稳步提升，贵州排名跃升明显

近年来，我国各地深入推进创新驱动发展战略，加大对创新创业的支持力度。从测算结果来看，2014—2019年，我国各地创新创业水平均保持增长态势。其中，北京创新创业优势明显，具有天然的创业创新基

因，众多顶尖学府、大量优秀人才，深受创投机构青睐，综合排名第一。"'大数据'是第三次浪潮的华彩乐章"[①]，贵州紧紧抓住了大数据发展机遇。2016年，我国首个大数据产业发展试验区在贵州成立，发展至今，大数据产业已经成为贵州一张闪亮的新名片。与此同时，大数据产业发展也蕴含着大量创新创业新机遇，因而贵州的创新创业综合指数排名近几年大幅提高，从27名跃升至20名。另一个值得注意的现象是，省会城市合肥、武汉和西安具有良好的集成电路产业基础和丰富的高校科研资源，聚集了一批国内外领先的新一代信息技术企业，形成了数字科技创新与发展的良好局面，有力促进了创新创业活动的开展。因而，在2019年，安徽、湖北和陕西三省的创新创业综合指数排名处于我国前十。（见图4-3）

4.5.2 阶梯分布特征明显，领先地区优势显著

受到地理环境、经济水平、科教资源、产业基础等诸多因素的影响，不同地区的创新创业资源和条件存在较大差异，导致地区创新创业发展水平呈现阶梯性分布。从计算结果和排名来看，依据创新创业发展的不同程度，可以将我国不同地区分成领先引领型、加速追赶型、快速成长型三个梯队。其中，北京、广东、上海、江苏、浙江得分均在70以上，排名前五，属于全国创

---

① 阿尔文·托夫勒. 第三次浪潮[M]. 北京：中信出版社，2018.

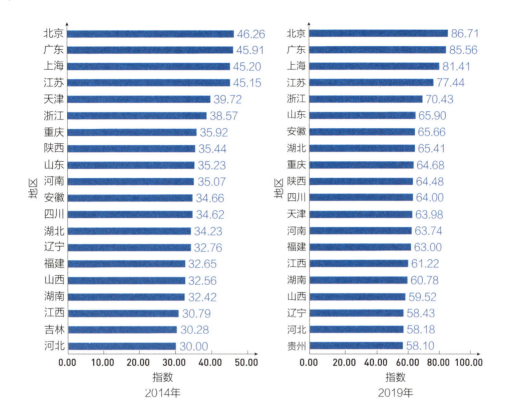

▲ **图4-3** 2014年和2019年我国创新创业综合指数排名前二十的地区

新创业的领先引领型地区，尤其是北京和广东具有超越其他地区的资源优势，且创新创业氛围浓厚。山东、安徽、湖北、重庆、陕西、四川、天津、河南、福建、江西、湖南等地区得分为60～70，处于全国创新创业的第二梯队，与第一梯队有着显著差距，但发展势头迅猛，近几年创新创业步伐在不断加大，属于加速追赶型地区，提升潜力巨大。山西、辽宁、河北、贵州、广西、吉林等多个地区得分为50～60，处于全国创新创业的第三梯队，具有一定的创新创业基础，属于快速成长型地区，未来具有较大的可拓展空间。（见表4-2）

表 4-2　2019 年我国创新创业综合指数排名前二十的地区

地区	2014 年综合指数	2014 年排名	2019 年综合指数	2019 年排名	发展程度
北京	46.26	1	86.71	1	
广东	45.91	2	85.56	2	
上海	45.20	3	81.41	3	领先引领
江苏	45.15	4	77.44	4	
浙江	38.57	6	70.43	5	
山东	35.23	9	65.90	6	
安徽	34.66	11	65.66	7	
湖北	34.23	13	65.41	8	
重庆	35.92	7	64.68	9	
陕西	35.44	8	64.48	10	
四川	34.62	12	64.00	11	加速追赶
天津	39.72	5	63.98	12	
河南	35.07	10	63.74	13	
福建	32.65	15	63.00	14	
江西	30.79	18	61.22	15	
湖南	32.42	17	60.78	16	
山西	32.56	16	59.52	17	
辽宁	32.76	14	58.43	18	
河北	30.00	20	58.18	19	快速成长
贵州	27.82	27	58.10	20	

4.5.3 各省区市创新创业发展各具特点，北京、广东等地区全面领跑

创新创业需要创新链、产业链、资金链、政策链的紧密联结与高度协同，因而提高创新创业发展水平并非是单点、孤立的提高，而是各组成部分形成的系统性提升。从综合指数与分指数结果来看，各分指数排名与综

合指数排名基本一致。从2019年各分指数排名来看，北京、广东、上海等地区综合指数在全国前列，同时相比于其他地区，这些领先地区在创新创业涉及的要素投入、环境优化、主体培育、绩效影响方面也具有全方位的领先优势，如北京、广东各项分指数均居于前三，上海、江苏、浙江、山东、安徽、湖北、重庆、陕西等排名全国前十地区的各项分指数大部分都排在全国前十，基本上与综合指数排名一致。因此，各地在推动创新创业可持续发展时，要研究系统性提升方案，避免单一或零散的政策支持，应加强部门之间协作配合、注重合理搭配政策组合，促进各类资源发挥合力，更大限度地发挥各类支持政策的组合效力。（见表4-3）

表 4-3 2019 年创新创业综合指数排名前二十地区的各分指数排名

地区	要素指数	要素排名	环境指数	环境排名	主体指数	主体排名	绩效指数	绩效排名	综合指数	综合排名
北京	22.37	1	21.43	2	21.15	3	21.75	3	86.71	1
广东	20.50	3	20.40	3	22.52	1	22.14	1	85.56	2
上海	21.15	2	21.61	1	16.75	4	21.91	2	81.41	3
江苏	18.49	5	19.52	4	22.35	2	17.07	4	77.44	4
浙江	19.12	4	18.41	5	16.29	5	16.61	6	70.43	5
山东	16.88	9	17.48	9	14.89	7	16.65	5	65.90	6
安徽	17.51	7	17.52	8	14.59	11	16.03	8	65.66	7
湖北	17.73	6	17.72	7	14.01	14	15.95	12	65.41	8
重庆	16.48	10	17.75	6	14.64	9	15.82	14	64.68	9
陕西	16.02	12	17.39	10	15.06	6	16.00	11	64.48	10
四川	15.78	14	17.32	11	14.89	11	16.01	10	64.00	11
天津	16.98	8	16.94	16	13.92	15	16.14	7	63.98	12

续表

地区	要素指数	要素排名	环境指数	环境排名	主体指数	主体排名	绩效指数	绩效排名	综合指数	综合排名
河南	16.35	11	17.17	12	14.20	12	16.02	9	63.74	13
福建	15.91	13	16.99	13	14.60	10	15.50	16	63.00	14
江西	15.12	17	16.06	18	14.12	13	15.93	13	61.22	15
湖南	15.50	15	16.97	15	13.58	18	14.73	19	60.78	16
山西	13.59	19	16.98	14	13.45	19	15.50	17	59.52	17
辽宁	13.50	20	16.83	17	13.76	17	14.34	20	58.43	18
河北	15.23	16	14.02	20	13.82	16	15.11	18	58.18	19
贵州	14.71	18	14.48	19	13.22	20	15.70	15	58.10	20

4.6 各区域创新创业指数概况

中国作为区域经济驱动的经济大国，始终高度重视推进区域协调发展。党的十八大以来，我国扎实推进重大区域发展战略，注重区域板块融合互动，区域发展取得了显著成效。近年来，我国区域创新创业发展势头强劲，创新创业活动不断打破区域、产业、技术、组织的边界，演化成为推动区域技术进步、产业突围和新兴产业培育的重要动力，在区域经济发展中作为新引擎的地位日益重要。综合对我国各区域创新创业指数的分析，区域创新创业发展情况主要体现在以下两方面。

4.6.1 各区域创新创业水平均有所提升，区域不均衡现象明显

从全国区域经济发展现状来看，区域发展不平衡问题日益凸显，东部地区具有显著优势，而西部地区发展相对滞后。同样，本书测算的区域创新创业水平也与这一现状基本一致。测算结果显示，2014—2019年，我国各区域创新创业的水平均有所提升，对区域经济高质量发展的重要性日益增强。然而，不同地区的创新创业水平存在较大差异，东部地区领先优势明显，综合指数值要远高于中部、西部和东北地区。[①]从创新创业发展速度来看，中部地区和西部地区的年均增长率超过全国平均水平，实现了快速增长，而东北地区年均增长率则低于全国平均增长速度。各区域综合指数增长率排名依次为，西部地区（13.94%）、中部地区（13.51%）、东北地区（13.14%）、东部地区（12.80%）。从总体来看，区域创新创业水平的不均衡现象非常明显，东部地区领先优势显著，中部、西部地区快速发展。另外需要注意的是，2014—2019年极差值[②]数据显示，区域间极差值从8.94扩大到14.31，区域间的创新创业发展差距呈现扩大化趋势。因此，需要格外注意推动创新创业协调发展，加大对创新创业水平较低地区的支持力度，提高创新创业资源流动

---

① 本书的东部地区包括北京、天津、河北、上海、江苏、浙江、福建、山东、广东、海南；中部地区包括山西、安徽、江西、河南、湖北、湖南；西部地区包括内蒙古、广西、重庆、四川、贵州、云南、陕西、甘肃、青海、宁夏、新疆；东北地区包括辽宁、吉林、黑龙江。
② 极差值：最大值与最小值之差。

◀ 图4-4 2014—
2019年各区域创新创业
综合指数

性，避免区域间出现"创新创业鸿沟"。（见图4-4）

4.6.2 中部各分指数快速提高，东北地区增长相对较慢

近年来，中部地区发展势头良好、崛起态势日益明显，后发优势逐步显现；伴随国家精准扶贫战略在西部地区的深入实施、基础设施补短板步伐的加快和地区新旧动能的加速转换，西部地区也获得了快速发展。分指数测算结果显示，2014—2019年，我国各区域分指数均有所提升。如表4-4所示，其中，创新创业要素年均增长率依次为中部（14.79%）、西部（13.20%）、东部（11.86%）、东北（10.78%），创新创业环境指数增长率依次为西部（14.82%）、中部（13.78%）、东部（13.05%）、东北（11.81%），创新创业主体指数增长率依次为东部（15.18%）、西部（12.99%）、中

部（12.98%）、东北（12.23%），创新创业绩效指数增长率依次为西部（14.46%）、中部（12.43%）、东北（12.05%）、东部（11.20%）。由上述数据可知，中部和西部地区各项分指数增长较快，创新创业整体处于快速发展阶段；东部地区由于创新创业基础较好，各项指数较高，因而各分指数增长率低于中西部地区。但是，东北地区各项分指数值普遍较低，增长速度相对于中西部也偏慢，发展较为滞后，尤其是在要素投入和环境优化方面仍须进一步提高。

表 4-4　2014—2019 年各区域分指数年均增长率

区域	要素指数增长率	环境指数增长率	主体指数增长率	绩效指数增长率
东部地区	11.86	13.05	15.18	11.20
中部地区	14.79	13.78	12.98	12.43
西部地区	13.20	14.82	12.99	14.46
东北地区	10.78	11.81	12.23	12.05

4.7 各省（自治区、直辖市）分指数分析

上文已经对全国、省域、区域的创新创业发展情况展开了分析，让我们对全国的创新创业发展情况有了一个整体性了解。为了进一步具体了解各省（自治区、直辖市）创新创业发展态势，下面本书将根据综合指数值的差异，对全国排名前二十的地区展开具体分析。

4.7.1 综合指数85以上：北京、广东

北京和广东是我国引领创新创业发展的两大高地，科研底蕴深厚、创新氛围浓厚、创业资源雄厚，二者的综合指数数值非常高且较为接近，各项分指数也均领先全国其他地区，创新创业发展水平显著高于全国平均水平，是带动我国创新创业发展的龙头地区。从分指数数值来看，北京和广东各项分指数均远高于全国平均水平，其中北京的要素指数与环境指数是全国最高值或接近最高值，而主体指数和绩效指数与全国最高值有较小差距，可见北京在创新创业主体培育和绩效优化方面仍有可提升空间。（见图4-5）而广东的主体指数和绩效指数均是全国最高值，在要素投入和环境优化方面与全

◀ **图4-5** 北京创新创业分指数雷达图（综合指数排名第一）

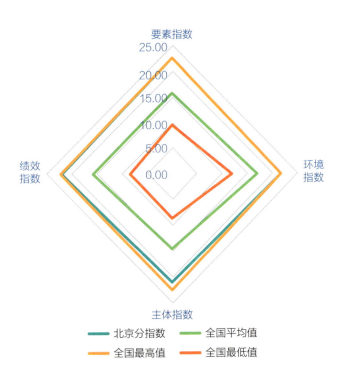

国最高值有较小差距，可见广东可以在创新创业的要素投入与环境优化上继续发力，推动自身创新创业水平进一步提高。（见图4-6）

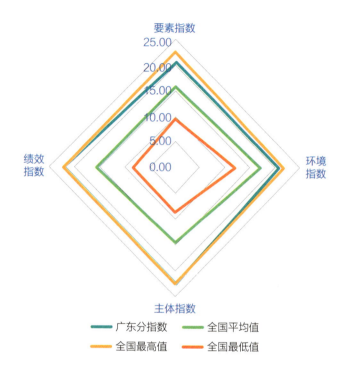

要素指数

25.00
20.00
15.00
10.00
5.00
0.00

环境指数

绩效指数

主体指数

— 广东分指数　　— 全国平均值
— 全国最高值　　— 全国最低值

◀ **图4-6** 广东创新
创业分指数雷达图
（综合指数排名第二）

更为重要的是，作为全国创新创业发展的领头羊，北京和广东应切实发挥好示范引领作用，实化合作举措、深化协同配合、强化辐射带动，推动周边地区共同发展，充分发挥区域创新创业增长积极作用，促进全国创新创业水平的提升。

4.7.2 综合指数在70~85之间：上海、江苏、浙江

长三角是我国经济发展最活跃、开放程度最高、创

新能力最强的区域之一，历来重视创新创业活动，创新创业的热度持续高涨，近年来更是重视科技领域的创新创业。上海、江苏和浙江三个地区是我国创新创业发展的领先地区，综合指数均在70～85之间，各项分指数均高于全国平均水平，属于国内创新创业高地。

如图4-7所示，从分指数数值来看，上海的环境指数是全国最高值，在要素投入和绩效提升方面与全国最高值有较小差距，环境指数、要素指数和绩效指数的排名均高于其综合指数排名，而主体培育指数排名低于其综合指数排名，可见上海要更加注重创新创业主体的培育。对此，上海应充分利用自身优势，加快打造创新创业平台，加快新领域拓展步伐，集聚更多观念新、技术

◀ 图4-7 上海创新创业分指数雷达图（综合指数排名第三）

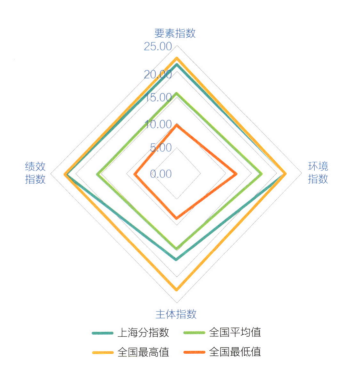

强、能级高、效益好的科技创新企业，全力提升其创新创业主体培育的能力。同时，作为长三角开放的前沿和创新的龙头，上海要增强科技创新的策源能力，提高创新创业服务辐射能级，在长三角一体化进程中充分发挥引领带动作用，推动区域整体创新创业水平提升。

江苏的环境指数、绩效指数的排名与其综合指数排名相同，处于第四；主体指数排名高于其综合指数排名，处于第二；而要素指数排第五。同时，绩效指数与全国最高值也有较大差距。（见图4-8）因此，江苏应持续深化"放管服"改革，加大对创新创业要素投入力度，加强人才、金融、财税等政策措施的有效衔接，进一步完善创新创业载体建设、优化创新创业生态环境，

◀ **图4-8**　江苏创新创业分指数雷达图（综合指数排名第四）

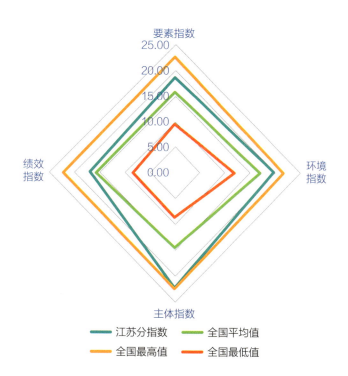

提高创新创业绩效。

浙江的环境指数、主体指数的排名与其综合指数排名相同，处于第五位；要素指数排名高于其综合指数排名，处于第四，而绩效指数排名第六，与全国最高值的差距最大。同时，主体指数与全国最高值的差距也较大。（见图4-9）因此，浙江应加快构建以绩效为导向的科技创新资源配置机制，加速整合省内科技创新创业基金，积极开展"科技创新鼎"评选活动，发挥创新创业教育优势，加大对优质创新创业团队的支持力度，促进高质量科技创新成果转化，全面推动创新创业绩效提升。

◀ 图4-9 浙江创新创业分指数雷达图（综合指数排名第五）

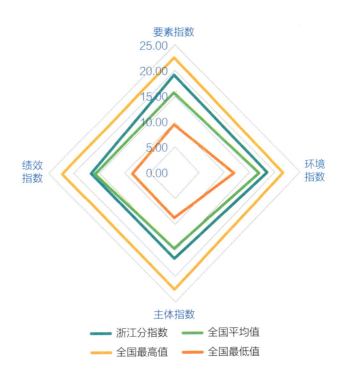

4.7.3 综合指数在65~70之间：山东、安徽和湖北

　　山东、安徽和湖北的创新创业综合指数排名依次为第六、第七、第八，综合指数值在65~70之间，属于加速追赶梯队的第一序列，具有较强的创新创业能力，呈现出蓬勃发展态势，有望下一步进入引领区域。

　　从分指数数值来看，山东的绩效指数排名高于其综合指数排名，处于第五位，而要素指数、环境指数、主体指数低于其综合指数排名相同，其中要素指数和环境指数排第九，主体指数排第七，主体指数与全国最高值的差距最大。（见图4-10）因此，山东应进一步加大创新创业资源投入，强化政策赋能，打好创新

◀ **图4-10**　山东创新创业分指数雷达图（综合指数排名第六）

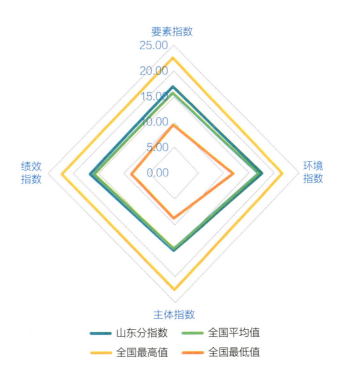

创业政策"组合拳",着力营造良好的创新创业氛围,加快完善省内创新创业特色载体培育,加大对优质创新创业平台的支持力度,推进高成长性创新创业主体发展。

安徽的要素指数排名与其综合指数排名相同,处于第七位;环境指数、绩效指数排名略低于其综合指数排名,处于第八位;而主体指数排名低于其综合指数排名,处于第十一位,且与全国最高值的差距最大。(见图4-11)因此,加强主体培育应成为安徽创新创业的主要发力方向。安徽应进一步优化创新创业生态、提高载体能级,积极构建创新创业服务支撑平台,着力降低企业创新创业成本,全力促进创新创业主体升级。

◀ 图4-11 安徽创新创业分指数雷达图(综合指数排名第七)

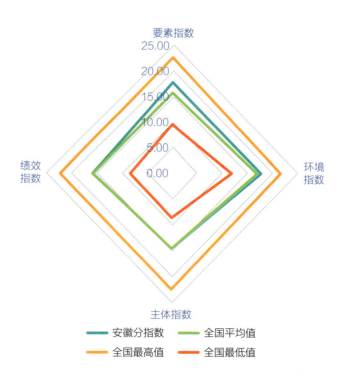

湖北的要素指数、环境指数排名高于其综合指数排名，分别处于第六、七位；而主体指数和绩效指数排名低于其综合指数排名，分别排第十四、第十二，主体指数、绩效指数与全国最高值之间存在较大差距。（见图4-12）因此，加强主体培育和绩效提升成为湖北创新创业的主要发力方向。湖北应充分发挥集成电路产业优势，系统优化技术创新的条件与环境，加快壮大技术创新创业主体规模，注重企业科技创新绩效评价，促进形成一批创新性强、技术性高、前景性好的科创企业。

◀ **图4-12** 湖北创新创业分指数雷达图（综合指数排名第八）

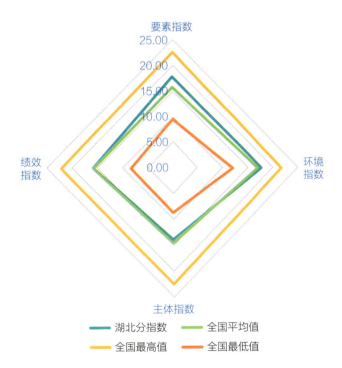

4.7.4 综合指数在60～65之间：重庆、陕西、四川、天津、河南、福建、江西、湖南

重庆、陕西、四川、天津、河南、福建、江西、湖南属于加速追赶梯队的第二序列，排名在9～16。这些省份具有良好的创新创业基础条件，创新意识强烈、创业热情高涨，具有较强的发展潜力，有望进入加速追赶区域的第一序列。

从分指数数值来看，重庆的环境指数排名高于其综合指数排名，处于第六位；主体指数排名与其综合指数排名相同，处于第九位；而要素指数和绩效指数低于其综合指数排名，分别排第十、第十四。因此，加强要素投入和绩效提升成为重庆创新创业的主要发力方向。（见图4-13）

陕西的主体指数排名高于其综合指数排名，处于第六位；环境指数与其综合指数排名相同，处于第十位；而要素指数和绩效指数低于其综合指数排名，分别排第十二、第十一。因此，加强要素投入和绩效提升成为陕西创新创业的主要发力方向。（见图4-14）

四川的主体指数、绩效指数排名高于其综合指数排名，分别处于第八、第十；环境指数与其综合指数排名相同，处于第十一位；而要素指数低于其综合指数排名，排第十四。因此，加强要素投入成为四川创新创业的主要发力方向。（见图4-15）

◀ **图4-13** 重庆创新
创业分指数雷达图
（综合指数排名第九）

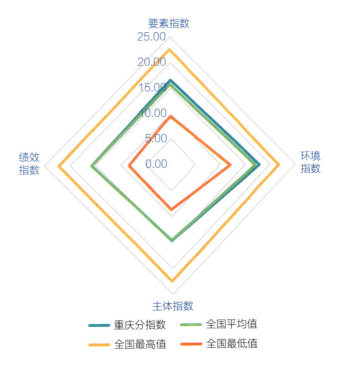

◀ **图4-14** 陕西创新
创业分指数雷达图
（综合指数排名第十）

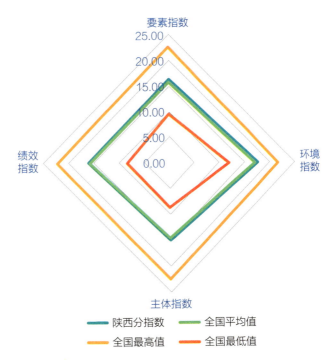

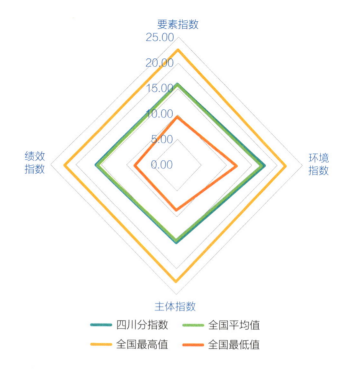

◀ 图4-15 四川创新创业分指数雷达图（综合指数排名第十一）

天津的要素指数、绩效指数排名高于其综合指数排名，分别处于第八、第七；而环境指数、主体指数排名低于其综合指数排名，分别排第十六、第十五。因此，加强环境优化和主体培育成为天津创新创业的主要发力方向。（见图4-16）

河南的各分指数排名均高于其综合指数排名，要素指数、环境指数、主体指数、绩效指数分别处于第十一、第十二、第十二、第九。因此，加强环境优化和主体培育成为河南创新创业的主要发力方向。但其主体指数、绩效指数、要素指数与全国最高值之间存在较大差距，且主体指数值低于全国平均水平。（见图4-17）因此，加强主体培育和绩效提升成为河南创新创业的主

◀ **图4-16**　天津创新
创业分指数雷达图
（综合指数排名第十二）

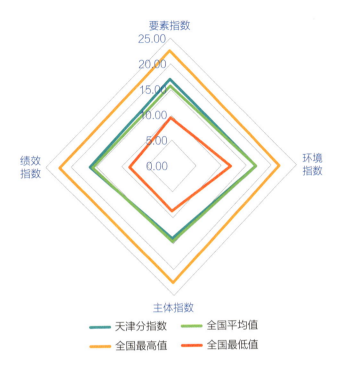

◀ **图4-17**　河南创新
创业分指数雷达图
（综合指数排名第十三）

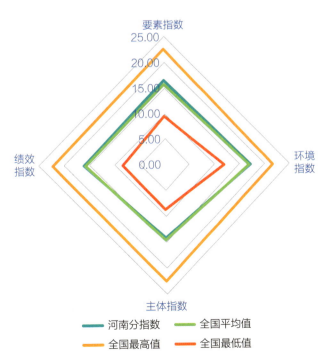

要发力方向。

福建的要素指数、环境指数、主体指数排名均高于其综合指数排名，分别处于第十三、第十三、第十；而绩效指数排名低于其综合指数排名，排第十六，同时绩效指数值低于全国平均水平。（见图4-18）因此，加快绩效提升成为福建创新创业的主要发力方向。

◀ 图4-18 福建创新创业分指数雷达图（综合指数排名第十四）

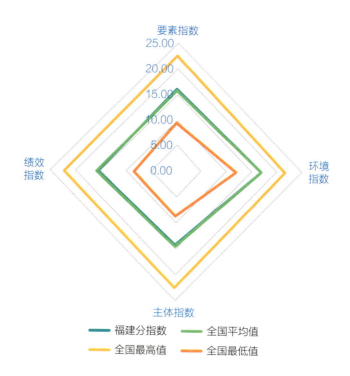

江西的主体指数和绩效指数排名高于其综合指数排名，均处于第十三位；而要素指数和环境指数低于其综合指数排名，分别排第十七、第十八，同时，环境指数、要素指数、主体指数数值低于全国平均水平。（见图4-19）因此，加强环境优化和要素投入成为江西创

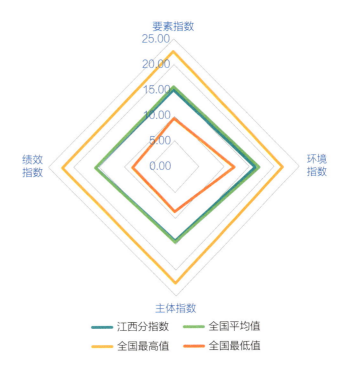

要素指数

25.00
20.00
15.00
10.00
5.00
0.00

环境指数

主体指数

绩效指数

━━ 江西分指数　　━━ 全国平均值
━━ 全国最高值　　━━ 全国最低值

◀ **图4-19**　江西创新创业分指数雷达图（综合指数排名第十五）

新创业的主要发力方向。

　　湖南的要素指数和环境指数排名高于其综合指数排名，均处于第十五位；而主体指数和绩效指数低于其综合指数排名，分别排第十八、第十九。同时，绩效指数和主体指数数值低于全国平均水平。（见图4-20）因此，加强绩效提升和主体培育成为湖南创新创业的主要发力方向。

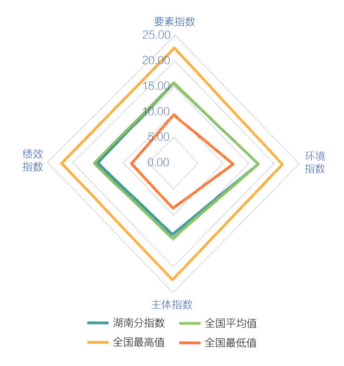

4.7.5 综合指数在50～60之间：山西、
辽宁、河北、贵州

　　山西、辽宁、河北、贵州的创新创业综合指数排名
依次为第十七、第十八、第十九、第二十。这些省份
处于快速发展阶段，创新创业可拓展空间巨大，属于快
速成长梯队中的第一序列，有望下一步进入加速追赶
梯队。

　　从分指数数值来看，山西的环境指数排名高于其综
合指数排名，处于第十四位；绩效指数排名与其综合指
数排名相同，排第十七；而要素指数和主体指数排名低
于其综合指数排名，均排第十九。同时，要素指数、主

体指数与全国平均水平差距较大。（见图4-21）因此，加大要素投入和主体培育成为山西创新创业的主要发力方向。山西应加大财政支持力度，对创新创业发展突出的主体予以奖励，加快推进省级小微企业创业创新基地的建设步伐，全力推动创新创业高质量发展。

辽宁的环境指数和主体指数排名高于其综合指数排名，均处于第十七位；要素指数和绩效指数低于其综合指数，均排第二十。另外，辽宁的各项分指数数值均低于全国平均水平。（见图4-22）因此，辽宁还需从整体上推动创新创业发展，尤其是要加强要素投入和绩效提升。辽宁应在财政上加大科技创新投入，充分发挥科技创业投资基金的作用，进一步拓宽科技型中小企业融

◀ **图4-21** 山西创新创业分指数雷达图（综合指数排名第十七）

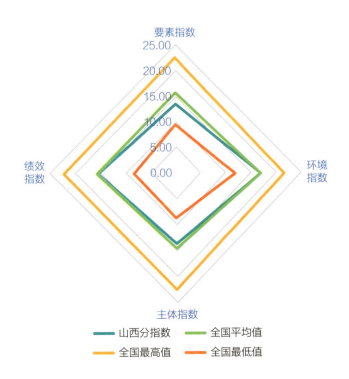

◀ **图4-22** 辽宁创新
创业分指数雷达图
（综合指数排名第十八）

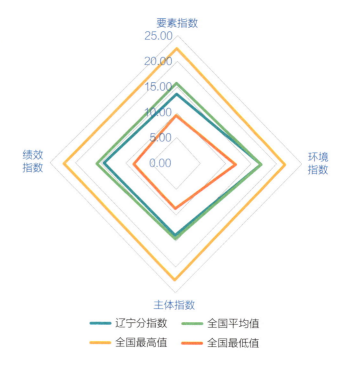

资渠道，推动创新创业服务平台的专业化、精准化建设，切实提高科技创新创业绩效。

河北的要素指数、主体指数和绩效指数排名均高于其综合指数排名，分别排第十六、第十六、第十八；环境指数排名低于其综合指数排名，排第二十。另外，河北的各项分指数数值均低于全国平均水平。（见图4-23）因此，河北需从整体上推动创新创业发展，尤其是加强创新创业环境优化。河北应发挥区域优势，打好创业就业政策"组合拳"，加强科技人才引进、培养，加快完善创业创新金融服务平台，持续优化创新创业环境。

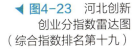

◀ **图4-23**　河北创新
创业分指数雷达图
（综合指数排名第十九）

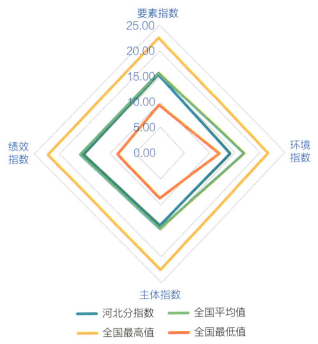

　　贵州的要素指数、环境指数和绩效指数排名均高于其综合指数排名，分别排第十八、第十九、第十五；主体指数与其综合指数排名相同，处在第二十位。另外，贵州的各项分指数数值均低于全国平均水平。（见图4-24）因此，贵州还需从整体上推动创新创业发展，尤其是要加大创新创业主体培育力度。贵州应抢抓机遇、后发赶超，深入实施大数据战略行动，加快大数据技术研发平台和创新服务机构建设，加快大数据创新中心、大数据创新创业基地等特色载体建设，以大数据产业发展带动贵州创新创业升级。

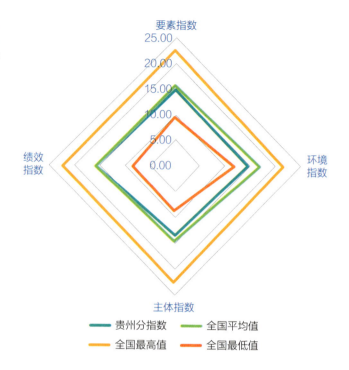

第**5**章

2014—2019年
中国创新创业
政策特征分析

十八大以来，中国创新创业已经进入世界前列，并继续向更大范围、更高层次和更深程度推进，创新创业与经济社会发展深度融合，极大地促进了经济增长。中国创新创业多年来取得的成绩，与中央和地方政府创新创业政策的支持密不可分。本章从政策的数量、强度、类型，以及政策发展趋势等多个维度，总结梳理了中央层面、省级层面和区域层面我国创新创业的政策特点，并整体评价了我国创新创业政策。

5.1 中央层面创新创业政策特征

改革开放以来特别是十八大以来，中央政府非常重视创新创业工作，在国家层面不断推出重磅政策支持"大众创业、万众创新"。2015年国务院发布《国务院关于大力推进大众创业万众创新若干政策措施的意见》（国发〔2015〕32号），在体制机制、财税政策、金融市场、创业投资、创业服务、创新创业平台和城乡创业等八个方面对我国创新创业做出了全方位政策布局，开创了我国新时期创新创业发展的新局面。此后，2017年国务院发布《国务院关于强化实施创新驱动发展战略进一步推进大众创业万众创新深入发展的意见》（国发〔2017〕37号），进一步系统性优化创新创业生态环境，围绕创新创业过程，在科技成果转化、企业融资、实体经济转型升级和人才激励等方面不断强化政策供给，突破发展瓶颈，充分释放全社会创新创业潜能，在更大范围、更高层次、更深程度上推进大众创业、万众创新。2018年国务院发布《国务院关于推动创新创业高质量发展打造"双创"升级版的意见》（国发〔2018〕32号），针对我国经济已由高速增长阶段向高质量发展阶段的转变，对推动大众创业、万众创新提出了新的更高要求。为进一步激发市场活力和社会创造力，在创新创业环境、发展动力、带动就业能力、科技创新支撑能力、创新创业平台和金融等领域，对我国创新创业的进一步发展制定了强有力的政策保障措施。与此同时，在三大政策的有力带动下，我国中央层面和地方层面的创新创业政策在数量、领域和强度上同时发力，为我国创新创业发展和总体政策的落地实施提供了强有力的保障。

5.1.1　政策发布数量总体保持平稳

2014—2019年，中央层面出台的创新创业政策总数达到 **450**项

从政策发布数量来看，根据不完全统计，2014—2019年，中央层面出台的创新创业政策总数达到450项。其中2014年发布政策数量为43项，2015年为77项，2016年为94项，2017年为77项，2018年为83项，2019年为76项。如图5-1所示，6年间，中央层面创新创业政策发布密集且数量保持相对稳定，在创新创业重点领域和关键环节均推出有利于创新创业发展的

政策举措。这表明国务院及其下属部门高度重视创新创业工作，通过持续发布创新创业相关政策，推进各领域创新创业工作。2015年国务院《关于大力推进大众创业万众创新若干政策措施的意见》（国发〔2015〕32号）发布之后，我国中央层面发布的创新创业政策的数量实现了大幅增长，体现出我国政策发布机制中，自上而下逐步实施的政策传导过程。2017—2019年发布的政策数量则保持相对稳定，政策重点从体制机制的设立向环境优化和创新创业能级跃升转变，政策内容也从全面性政策向重点政策转变，这体现了我国政策体系中自下而上的反馈过程。2014—2019年的政策周期内，在创新创业领域，我国通过前期自上而下的政策部署，经过两年的实施和问题反馈，形成了后续有针对性的政策布局。整体而言，我国创新创业政策的发布效率、反馈水平和政策实施进度都得到了有效保证，为新时代创新创业发展提供了有力的政策保障。

◀ 图5-1 2014—2019年中央层面创新创业政策发布情况

5.1.2 各类政策同时发力，全面推进创新创业

为了更好地分析创新创业政策的内容、结构和重点领域，本书根据创新创业政策的内容指向对象将其分为宏观管理政策、重点科技产业发展政策、创业政策、基地平台政策、知识产权政策、财政政策、区域政策、环境政策、人才政策、激励政策、金融政策、产学研合作和科技成果转化政策、农业农村政策、对外合作政策和评价政策共15类，并将这一分类方法应用于分析中央层面和地方层面的创新创业政策。从政策类别看，中央层面发布的创新创业政策涵盖了包括宏观管理、财政、金融、人才、对外合作、产业、科技成果转化、创业、基地平台等15个类别（如表5-1所示），几乎覆盖了创新创业的方方面面，构建起完善的服务于创新创业发展的政策体系。从各类政策的数量来看，宏观管理、重点科技产业发展和创业3类政策的发布数量超过50项（含），基地平台、财政、知识产权、区域、环境、人才、激励和金融8类政策的发布数量超过20项（不足50项），其他4类政策的发布数量均不足20项。（见图5-2）这表明宏观管理、产业发展和创业促进是中央创新创业政策的主要着力点，同时表明，国务院及其下属部门作为创新创业政策的顶层设计者，在创新创业政策制定中承担的角色，既有如《关于大力推进大众创业万众创新若干政策措施的意见》（国发〔2015〕32号）此类宏观管理政策，也有如《关于支持银行业

金融机构加大创新力度开展科创企业投贷联动试点的指导意见》（银监发〔2016〕14号）等部门政策，逐步构建了宏观管理政策为主干，财政、产业、区域、人才、环境等部门政策为重点，其他部门政策为补充的较为完善的创新创业政策体系。不同类别政策数量的不同，从侧面反映出某类政策对促进"大众创业、万众创新"的不同重要性，揭示出利用政策推动创新创业的不同着力点。例如，基地平台政策有48项，知识产权政策有35项，数量明显高于产学研合作和科技成果转化类政策的15项和对外合作政策的5项，进一步表明创

表 5-1　2014—2019 年各部委创新创业政策发布情况（按政策种类分）

政策类别	数量（项）	占比（%）
宏观管理政策	57	12.67
重点科技产业发展政策	52	11.56
创业政策	50	11.11
基地平台政策	48	10.67
知识产权政策	35	7.78
财政政策	34	7.56
区域政策	31	6.89
环境政策	30	6.67
人才政策	28	6.22
激励政策	28	6.22
金融政策	25	5.56
产学研合作和科技成果转化政策	15	3.33
农业农村政策	9	2.00
对外合作政策	5	1.11
评价政策	3	0.67

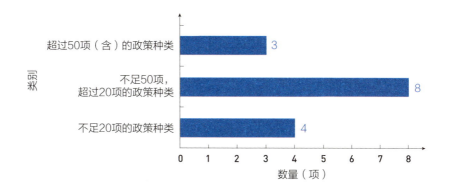

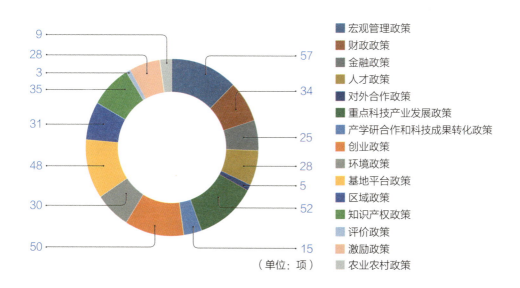

◄ 图5-2 2014—2019年各部委创新创业政策数量

◄ 图5-3 2014—2019年各部委各项创新创业政策数量

新创业过程中，平台支持和知识产权保护能够有效优化创新创业环境，提供更加优质的创新创业服务，提升创业积极性和活跃度，实现个体、主体、资金、技术和区域等创新要素的有效链接。同时体现了我国政策决策机制在发现问题、解决问题过程中的巨大作用。（见图5-3）

宏观管理政策
财政政策
金融政策
人才政策
对外合作政策
重点科技产业发展政策
产学研合作和科技成果转化政策
创业政策
环境政策
基地平台政策
区域政策
知识产权政策
评价政策
激励政策
农业农村政策

（单位：项）

5.1.3 各部门发布政策强度存在较大差异

本报告进一步梳理了国务院下属各部门在创新创业方面的政策，并予以汇总分析。从政策发布部门看，各部门发布政策的强度存在较大差异。如图5-4数据显示，2014—2019年，以国务院（含国务院办公厅）名义发布的创新创业政策高达93项，在国务院下属各部门中，人社部和科技部发布的政策数量超过50项，农业农村部、知识产权局、发改委、教育部、工信部和财政部6个部门发布的政策数量超过20项（不足50项），其他部门发布的政策数量均少于20项。以上数据显示，国务院及其下属部门发布的关于创新创业的政策

◀ 图5-4　2014—2019年各部委创新创业政策总数

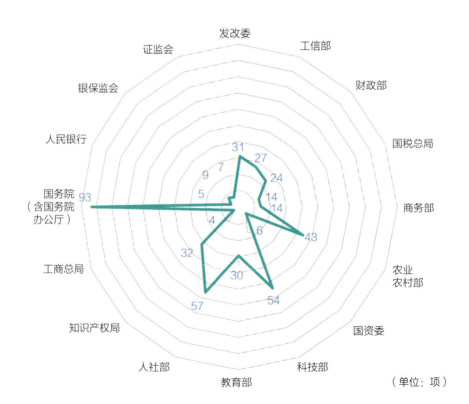

（单位：项）

呈现出相对集中且体现部门业务特色的特点。第一，从政策发布数量来看，创新创业政策主要集中在人社部、科技部、农业农村部、发改委、知识产权局和教育部6个部门，6个部门发布的创新创业的政策数量超过总数的60%。第二，各个部门创新创业政策具有明显的部门特色，国务院（含办公厅）发布的政策主要集中在宏观管理、产业、环境和区域政策；知识产权局主要集中在知识产权政策；银保监会发布的政策主要是金融政策。整体来看，支持创新创业是一项系统工程，在中央层面，创新创业政策的发布需要国务院各组成部门的密切配合，既有协调性又体现出专业性，政策发布部门的不同进一步表明创业人才、技术创新和知识创新在创新创业政策目标中处于主体地位。（见表5-2和图5-5）

◀ 图5-5　2014—2019年各部委各类政策发布情况

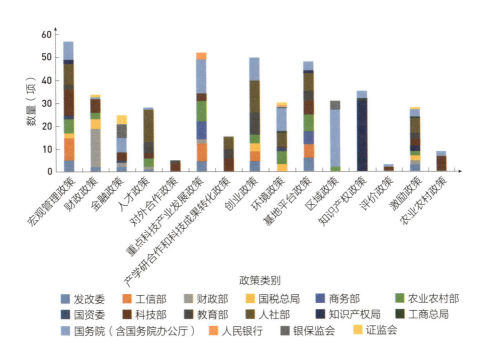

表5-2 2014—2019年各部委各类创新创业政策发布情况

（单位：项）

部门	宏观管理政策	财政政策	金融政策	人才政策	对外合作政策	重点科技产业发展政策	产学研合作科技成果转化政策	创业政策	环境政策	基地平台政策	区域政策	知识产权政策	评价政策	激励政策	农业农村政策
发改委	5	2	2	1	0	5	0	5	0	6	1	1	0	3	0
工信部	10	0	0	0	0	7	0	4	0	6	0	0	0	0	0
财政部	0	17	2	1	0	2	0	0	0	0	0	0	0	2	0
国税总局	2	4	0	0	0	0	0	3	3	0	0	0	0	2	0
商务部	0	0	0	0	0	8	0	0	0	6	0	0	0	0	0
农业农村部	6	3	0	4	0	9	1	4	6	7	1	0	0	2	0
国资委	2	0	1	0	0	0	0	0	1	0	0	0	0	2	0
科技部	11	6	4	2	4	3	5	0	1	6	0	0	2	3	7
教育部	2	0	0	5	1	1	4	10	0	4	0	0	0	3	0
人社部	9	0	0	14	0	0	0	14	6	8	0	0	0	6	0
知识产权局	2	0	0	0	0	0	0	0	0	0	0	30	0	0	0
工商总局	0	0	0	0	0	0	0	0	1	1	1	1	0	1	0
国务院（含国务院办公厅）	8	1	6	1	0	14	5	10	10	4	25	3	1	3	2
人民银行	0	0	1	0	0	3	0	0	1	0	0	0	0	0	0
银保监会	0	0	5	0	0	0	0	0	0	0	4	0	0	0	0
证监会	0	1	4	0	0	0	0	0	0	1	0	0	0	1	0

5.2 各省（自治区、直辖市）创新创业政策特征

5.2.1 政策数量呈现倒U形特征

政府政策的发布数量代表了对某一领域发展的重视程度，其演进变化趋势揭示了政策布局的稳定性和可持续性。根据不完全统计，2014—2019年，我国30个省（自治区、直辖市）[①]共发布了2678项与创新创业相关的政策，包括贯彻执行国务院及其下属部门发布的政策和各省政府及组成部门制定的政策，以及各省（自治区、直辖市）根据自身情况发布的特色改革举措。其中，2014年发布政策数量为224项，2015年发布政策数量为433项，2016年为483项，2017年为573项，2018年为530项，2019年为435项。整体而言，地方政策与中央政策的发布趋势保持一致，地方政策总量呈现先升后降的倒U形特征，之所以出现这种特征，主要受两个因素的影响：一是我国创新创业政策的实践是一个随时间不断演进的过程，地方政策往往经过试点、试点扩散最后全面扩散的演进过程，地方政府相关政策的贯彻执行和新政策的出台具有一定的

[①] 因统计数据缺失，本书所选样本不包括西藏、香港、澳门、台湾。

滞后性，十八大以来，中央层面对创新创业非常重视，不断加大创新创业政策供给，地方发布的与创新创业相关的政策也呈现出逐年增加的态势。二是2016—2020年是我国第十三个五年规划时期，政府政策的发布往往集中在规化时期的前半段，便于政策更好地得到贯彻执行和服务经济发展，后半段发布政策则相对较少。因此，两种因素的叠加，使政策总量表现出倒U形特征。（见图5-6）

◀ 图5-6 2014—2019年我国30个省（自治区、直辖市）政策发布数量

5.2.2 各省（自治区、直辖市）之间创新创业政策数量存在较大差异

在省域层面，政策发布多少代表了一个地区对创新创业的重视程度。从政策密度上看，各地区（观测地区）于2014—2019年发布的创新创业政策在数量上存在较大差异。其中，河南发布了192项创新创业政策，是发布最多的省份，占全部地方创新创业政策总数

的7.19%；新疆共发布32项创新创业政策，占全部地方创新创业政策总量的1.2%，在观测地区中最少。发布政策数量超过100项的地区有9个，分别是河南、福建、江苏、湖北、山东、四川、陕西、广西和内蒙古；发布政策数量介于70（含）～100之间的地区有11个，分别是山西、云南、河北、北京、重庆、上海、天津、黑龙江、辽宁、海南和浙江；其余10个地区发布的创新创业政策数量均少于70个。如表5-3和图5-7所示，由各地区政策发布的数量及占比的排序可以看出，东部

表 5-3　2014—2019 年各地区创新创业政策发布总数及占比

地区	政策总数（项）	占比（%）	地区	政策总数（项）	占比（%）
河南	192	7.19	天津	86	3.22
福建	184	6.89	黑龙江	84	3.14
江苏	163	6.10	辽宁	81	3.03
湖北	134	5.02	海南	79	2.96
山东	108	4.04	浙江	76	2.85
四川	108	4.04	湖南	67	2.51
陕西	102	3.82	江西	65	2.43
广西	102	3.82	宁夏	62	2.32
内蒙古	100	3.74	广东	56	2.10
山西	96	3.59	甘肃	55	2.06
云南	96	3.59	安徽	55	2.06
河北	93	3.48	贵州	53	1.98
北京	89	3.33	吉林	40	1.50
重庆	88	3.29	青海	39	1.46
上海	86	3.22	新疆	32	1.20

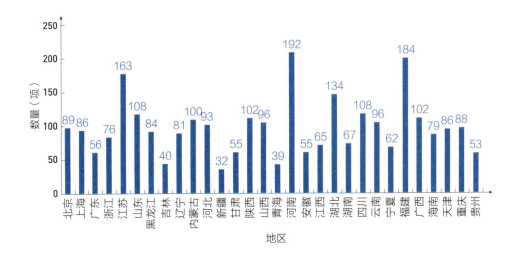

▲ 图5-7 2014—2019年各地区创新创业政策发布总数

地区更加重视创新创业政策的布局，中西部地区则相对较少。地区之间创新创业政策数量的差异性，间接体现了地区之间经济、资源要素和创新水平的不平衡。

5.2.3 以创新创业带动地方经济发展是地方政策的重点

从各地区发布的政策类型看，在各地区发布的创新创业政策中，重点科技产业发展政策数量最多，共发布416项，占政策总数的15.53%；其次是创新创业环境政策，共发布338项，占政策总数的12.62%；排在第三的是宏观管理政策，共发布303项，占政策总数的11.31%；区域政策、创业政策、金融政策、基地平台政策、人才政策、财政政策、产学研合作和科技成果转化政策占政策总数的比重均超过5%，但未超过10%；其他5类政策占比均低于5%。这表明在既有的考核机

制下，通过创新创业政策布局服务地方经济转型发展是各地区政策发布的重点。（见图5-8）

从各地区发布的创新创业政策结构看，地方政策通过强化创新创业的宏观管理，优化创新创业环境，致力于本地区产业发展。即服务和发展本地经济仍然是地方创新创业政策最重要的指向。此外，通过区域创新创业试点、引导创新创业人才、给予财政和金融支持、搭建创新创业平台等政策措施，促进宏观管理政策的落地实施，吸引更多资源要素流入创新创业领域，使创新创业环境更加优化。

按年度来看，各地区发布的创新创业政策数量整体上也呈倒U形趋势，宏观管理政策、重点科技产业发展政策、环境政策、评价政策、农业农村政策等政策的发

◀ **图5-8**　2014—2019年各地区各类政策发布总数

（单位：项）

布在近年增长较快，如宏观管理政策由2014年的23项增长至2017年的峰值73项，激励政策由2014年的10项增至2019年的33项。宏观创新创业环境的优化推动了社会创新活动的增长，从而稳步促进地方经济的发展。整体而言，各类政策的年度发布数量相对稳定，没有出现数量上的大起大落，保持了政策的连续性和稳定性。（见表5-4和图5-9）

表 5-4　2014—2019 年各类创新创业政策发布数量　（单位：项）

时间	2014 年	2015 年	2016 年	2017 年	2018 年	2019 年
宏观管理政策	23	49	50	73	64	44
财政政策	16	24	22	29	25	36
金融政策	25	58	29	37	31	26
人才政策	13	24	29	36	25	28
对外合作政策	10	13	11	10	10	11
重点科技产业发展政策	32	69	98	67	94	56
产学研合作和科技成果转化政策	9	15	25	21	41	26
创业政策	20	53	32	69	34	22
环境政策	29	46	65	66	86	46
基地平台政策	8	24	38	40	29	31
区域政策	19	29	33	56	43	53
知识产权政策	8	13	24	26	7	8
评价政策	1	3	8	12	10	10
激励政策	10	13	16	25	24	33
农业农村政策	1	0	3	6	7	5
其他政策	0	0	0	0	0	0

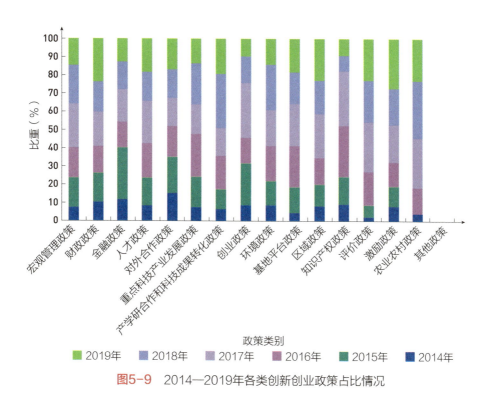

图5-9 2014—2019年各类创新创业政策占比情况

5.3 分区域创新创业政策特征

　　根据传统的区域划分方法，本书将30个省份划分为东部、中部、西部和东北四个区域。其中东部地区包括：北京、天津、河北、上海、江苏、浙江、福建、山东、广东、海南，共10个省（直辖市）；中部地区包括：山西、安徽、江西、河南、湖北、湖南，共6个省；西部地区包括：四川、重庆、贵州、云南、陕西、甘肃、青海、宁夏、新疆、广西、内蒙古，共11个省

（自治区、直辖市）；东北地区包括黑龙江、吉林和辽宁3个省。本书对四个地区创新创业政策的特点进行了分析。

5.3.1 政策强度东高西低

从政策总量看，2014—2019年，东部地区共发布了1020项创新创业政策，中部地区发布了609项创新创业政策，西部地区共发布837项创新创业政策，东北地区则发布了212项。从政策强度（即平均发布的政策数量）看，东部地区最高，为102项；其次是中部地区，为101.5项；西部地区排名第三，政策强度为76.09项；东北地区最低，为70.67项。从政策强度可以看出，东部地区和中部地区更加重视创新创业工作，相关的政策更加密集。其次是西部地区，最后是东北地区。创新创业政策发布数量与传统区域创新能力保持了高度的一致，同时与各地区创新环境的状况形成了鲜明的对照。（见表5-5和图5-10）

表5-5　2014—2019年四大区域和全国创新创业政策总数及强度

（单位：项）

项目	东北地区	东部地区	中部地区	西部地区	全国
政策总数	212	1020	609	837	2678
政策强度	70.67	102	101.5	76.09	89.27

（单位：项）

■ 东北地区　■ 东部地区　■ 中部地区　■ 西部地区

◄ 图5-10　2014—2019年四大区域创新创业政策总数

5.3.2　区域政策的着力点存在差异

　　进一步地，本书分析了四大区域创新创业政策的强度结构。如表5-6所示，各区域重点科技产业发展政策强度最高，其次是环境政策和宏观管理政策，这表明优化创新创业政策环境，发展重点科技产业仍然是区域政策的重点。如图5-11所示，四大区域横向对比发现，在宏观管理政策、人才政策、产学研合作和科

表 5-6　2014—2019 年四大区域各类创新创业政策强度

政策种类	东北地区	东部地区	中部地区	西部地区
宏观管理政策	10.0	9.6	11.5	9.8
财政政策	0.7	7.2	7.3	3.1
金融政策	7.0	7.7	8.7	5.1
人才政策	3.0	7.8	4.2	3.9

续表

政策种类	东北地区	东部地区	中部地区	西部地区
对外合作政策	0.3	2.0	4.0	1.8
重点科技产业发展政策	10.3	15.7	16.0	12.0
产学研合作和科技成果转化政策	4.3	4.9	4.8	4.2
创业政策	8.0	9.4	9.0	5.3
环境政策	8.7	12.9	12.3	9.9
基地平台政策	4.3	6.0	5.2	6.0
区域政策	7.7	7.2	11.8	6.1
知识产权政策	2.7	4.4	1.3	2.4
评价政策	1.0	2.1	0.8	1.4
激励政策	2.7	4.2	3.8	4.4
农业农村政策	0.0	0.9	0.7	0.8
总计	70.7	102.0	101.4	76.2

技成果转化政策、基地平台政策、评价政策、激励政策和农业农村政策领域，四大区域政策强度差异较小。在财政政策方面，东北地区和西部地区的政策强度明显低于东部和中部地区，表明东北地区和西部地区用于支持创新创业的财政措施有限，间接反映了东北地区和西部地区财政的紧张状况。创业政策方面，西部地区政策强度明显低于其他三个地区，表明西部地区创业的整体氛围不够浓厚，通过创业带动就业和创新的意识不强。知

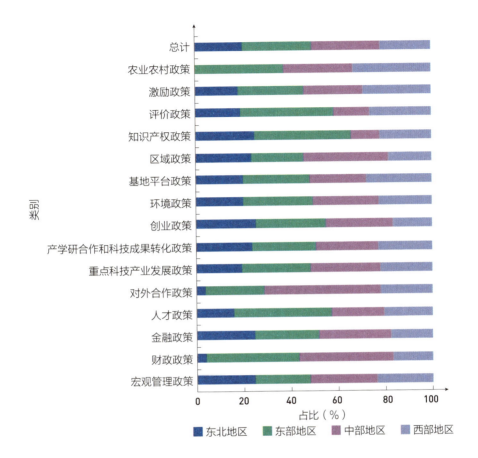

索引

| 类别 | 东北地区 | 东部地区 | 中部地区 | 西部地区 |

0　　　20　　　40　　　60　　　80　　　100
占比（%）

■ 东北地区　　■ 东部地区　　■ 中部地区　　■ 西部地区

▲ **图5-11** 2014—
2019年四大区域各类
创新创业政策强度

识产权政策方面，东部地区政策强度明显高于其他三个地区，表明在创新创业和经济转型发展过程中，东部地区更加注重知识产权的保护，通过强化知识产权保护，实现创新创业高质量发展。对外合作政策方面，表现为东北地区政策强度较低，中部地区政策强度较高，而东部地区和西部地区大致持平，这表明东北地区相较于其他三个地区，在对外合作创新创业方面的政策引导较弱，而中部地区则相对积极地推进对外合作中的创新发展。

5.4 中国创新创业政策特征总结

5.4.1 逐步形成中央政策为主体，部门政策为重点，地方政策为特色补充的创新创业政策体系

推动创新创业深入发展是中央和地方政府的重要职责，单一政策作用有限，要求各级政府和各部门协同配合，构建分布合理、协调有序的创新创业政策体系。2014—2019年，中央层面和地方层面发布的与创新创业相关的政策总量超过3000项，如此庞大的政策群显示出中央和地方政府高度重视创新创业工作。特别是2014年，中央正式号召全国各地区全面开展创新创业活动，国务院下达政策目标，2015年国务院发布《关于大力推进大众创业万众创新若干政策措施的意见》（国发〔2015〕32号）和2017年《关于强化实施创新驱动发展战略进一步推进大众创业万众创新深入发展的意见》（国发〔2017〕37号）将全国创新创业活动推向高潮，中央各部门在各自领域陆续发布300多项政策，涵盖了财政、产业、区域、人才、环境等各个领域。与此同时，地方政府积极贯彻执行中央层面的政策，并根据自身情况制定了具有本地特色的政策，30个省（自治区、直辖市）发布的创新创业政策超过2600项。逐步形成了中央政策为主体、部门政策为重

点，地方政策为特色补充的较为完善的创新创业政策体系。此外，创新创业政策体系中，各类政策分布相对合理，在政府完善宏观管理体制的基础上，强化产业创新支撑和知识产权保护，不断优化创新创业环境，激发创新创业活力，为创新创业发展提供强有力的政策支持。

5.4.2 中央层面政策从全面推进向补短板发展

根据中央层面各类政策各年度发布数量的不同，不难发现，中央层面政策的发布趋势呈现出从面到点的特征，重点更加突出。2014—2019年，中央层面各领域创新创业政策全面推进，发布数量保持稳定，政策结构更加优化。针对创新创业过程中出现的痛点、堵点、难点，中央层面政策出全面推进向补齐政策短板转变，政策类型逐步从基础性政策和普惠性政策向重点领域政策转变。逐步补齐商事制度改革的短板、补齐新兴产业监管的短板、补齐科技管理体系短板、补齐基地平台功能短板、补齐激励不足短板。例如，针对物联网等新兴行业建立管理监测机制，并针对物联网设备制造商出台更清晰的监管政策。加大对新能源产业关键技术研发的支持，引导企业建立集成研发、试验、验证能力的新能源产业共享技术服务平台。将新材料等战略新兴产业的新产品及时纳入《建设项目环境影响评价分类管理目录》，并由主管部门牵头组织对新型产品进行预审。针对研发人员激励不足问题，继续扩大科研经费使用自主权试点范围，提高可用于绩效激励的间接经费比例。这一变化趋势反映了我国政策体系优化过程中，"自上而下"和"自下而上"相结合的政策调整机制的灵活性，提升了政策制定和实施的精准性。

5.4.3 地方政策多以贯彻执行中央政策为主，东部地区特色政策明显多于西部地区和东北地区

创新创业政策在中央与地方之间遵循特定的扩散路径，按照我国中央政府和地方政府的关系，国务院及其下属部门发布的政策对地方政府具有一定的指导作用，地方政府根据具体情况具体分析出台适合本地区的政策，激发政策创新和扩散。对中央和地方政府创新创业政策的梳理发现，地方政策多以贯彻执行中央政策为主，并基于自身特点，发布相关实施意见。由于中央层面侧重于宏观管理，中央政策不可能适应所有地方发展特点，加之我国东西经济发展不平衡，东部经济发达地区自行探索的具有本地特色的创新创业政策明显多于西部地区和东北地区，特别是在知识产权、人才政策、创业政策和财政政策领域，东部地区具有更加雄厚的经济实力和更加丰富的政策工具，能够更有效地促进创新创业高质量发展。

5.4.4 支持创新创业的政策工具更加丰富，措施更加有力

随着我国创新创业政策体系不断优化，创新创业

观念与时俱进，创新创业政策支持工具更加丰富有力，效率显著提高。一是从传统的补贴支持工具向税收、奖励等支持工具转变，堵塞套取国家财政补助的漏洞。二是不断丰富创新创业服务的内容，从政府为主到市场发力，更多依靠市场化、专业化的新型创业孵化机构提供投资路演、交流推介、培训辅导、技术转移等增值服务。天使投资、创业投资、互联网金融等投融资服务快速发展，为创新创业提供了强大的资本推力。三是对创新创业载体从注重"硬条件"到更加注重"软服务"。创业服务机构已由场地租赁、办理注册等基础服务，发展为投资路演、创业交流、创业媒体、创业培训、技术转移、法律服务等新业态。四是创新创业理念从技术供给到需求导向。社交网络使得企业结构趋于扁平，缩短了创业者与用户间的距离，提高用户体验和满足用户的个性需求成为创新创业的出发点。

第**6**章

中国区域
创新创业政策
效果评价

6.1 研究方法：数据包络分析法

数据包络分析法（Data Envelopment Analysis，简称DEA）由著名运筹学家A. Charnes和W. Cooper等人基于相对效率概念建立和发展起来，是一种使用数学规划模型评价具有多个投入和多个产出的同类决策单元（Decision Making Units，简称DMU）之间相对有效性的系统分析方法。该方法根据一组输入和输出观察值来估计有效生产前沿面，并根据各决策单元与此有效生产前沿面的距离来比较评价各决策单元之间的相对有效性。数据包络分析法不需要预先估计参数及指标权重等，是一种非参数的统计估计方法，避免了人为主观性所带来的偏差，也不受数据量纲的影响，由此快速发展成一种具有广泛实用性的效率评价方法，并在多个研究领域发挥了重要作用。

DEA—CCR模型是A. Charnes等人于1978年提出的DEA下的第1个模型。此后，根据研究需要，DEA模型又得到不断扩充，最后得到了4个最具代表性的DEA模型，分别为：DEA—CCR模型（Charnes et al., 1978）、DEA—BCC模型（Banker，1948）、DEA-FG模型（Fare & Grosskopf，1985）、DEA-

ST模型（Seiford & Thrall，1990）[①]。

　　根据研究需要，本书主要选取了DEA—CCR模型。该模型假设有M个决策单元，每个决策单元都有m种投入和s种产出，即：$x_j=(x_{1j}, x_{2j}, \cdots, x_{mj})^T$为投入向量，$y_j=(y_{1j}, y_{2j}, \cdots, y_{sj})^T$为产出向量，$x_{mj}$和$y_{sj}$分别表示决策单元$j$第$m$种投入和第$s$种产出。由此，DEA—CCR模型的一般形式为：

$$\left[\begin{array}{l} \min\theta_\kappa \\ \text{s.t.}\sum_{j=1}^{n}x_j\gamma_j + s^- = \theta x_\kappa \\[2mm] \sum_{j=1}^{n}y_j\gamma_j - s^+ = \theta y_\kappa \\[2mm] \gamma_j \geqslant 0 \\ k = 1,2,\cdots,12 \\ s^+ \geqslant 0, s^- \geqslant 0 \end{array}\right. \qquad (1)$$

　　由模型得出的θ值即是决策单元的投入产出效率值。由此：如果$\theta=1$，那么该决策单元位于生产前沿面上，是有效的决策单元；如果$\theta<1$，那么该决策单元存在投入冗余或产出不足，是非有效的决策单元。s^+和s^-分别表示投入冗余和产出不足。γ_j表示第j个决策单元的权值。

① 魏权龄. 数据包络分析（DEA）[J]. 科学通报，2000（17）：1793-1808.

6.2 指标的选取与数据说明

由于DEA模型是用于评价具有多个投入和多个产出的同类决策单元间的相对有效性，因此科学选取创新创业的投入和产出指标就成为本书准确开展创新创业效率评价，并进一步揭示创新创业政策对区域创新创业业效率作用效果的重要基础。基于此，本书首先对采用DEA测算评价创新创业效率的已有研究进行系统梳理，将其中采用的具有代表性的创新创业投入和产出指标提炼汇总如下（详见表6-1）：

表 6-1　代表性文献中区域创新创业效率评价的投入及产出指标汇总

作者	投入指标	产出指标
虞晓芬等（2005）[1]	T1：研发支出额 T2：研发人员全时当量	C1：专利数量 C2：新产品产值 C3：产品出口额 C4：高新技术产业增加值
白俊红等（2009）[2]	T1：研发人员投入 T2：研发经费投入	C1：科技论文发表数 C2：发明专利申请授权量 C3：技术合同成交额

---

[1] 虞晓芬，李正卫，池仁勇，等. 我国区域技术创新效率：现状与原因[J]. 科学学研究，2005（02）：258-264.

[2] 白俊红，江可申，李婧，等. 区域创新效率的环境影响因素分析——基于DEA Tobit两步法的实证检验[J]. 研究与发展管理，2009，21（02）：96-102.

续表

作者	投入指标	产出指标
樊华、 周德群 （2012）[1]	T1：科技活动人员占就业人口的比重 T2：研发人员占科技活动人员的比重 T3：科技经费支出占国内生产总值的 　　比重 T4：科技活动人员人均科技经费支出 T5：地方财政科技拨款占地方财政支 　　出的比重	C1：高新技术产业规上工业企业产值占第二、 　　第三产业产值的比重 C2：高新技术产业产品出口额占地区出口额的 　　比重 C3：每万名科技活动人员专利申请授权量 C4：每万名科技活动人员发表国内中文期刊科 　　技论文数 C5：每万名科技活动人员技术合同成交额
余泳泽、 刘大勇 （2014）[2]	1. 知识创新阶段 T1：基础研究经费支出 T2：基础研究人员投入 2. 研发创新阶段 T1：基础研究经费支出 T2：基础研究人员投入 3. 产品创新阶段 T1：试验发展经费支出 T2：试验发展人员投入 T3：新产品开发经费 T4：专利授权量	1. 知识创新阶段 C1：SCI、EI 和 ISTP 科技论文发表数 C2：科技专著出版量 2. 研发创新阶段 C1：专利申请数 C2：专利授权数 3. 产品创新阶段 C1：新产品销售收入 C2：现产品出口额
陈升、 扶雪琴 2020[3]	T1：研发人员投入 T2：研发经费投入	C1：国外科技论文发表数 C2：发明专利申请授权量 C3：高新技术产业新产品销售收入

　　由此可见，既有文献主要将研发经费投入和研发人
员投入作为创新投入指标；将科技论文数量、专利产出
数量、新产品销售收入、高新技术产业产值等作为创新
产出指标。本书在借鉴吸纳上述指标的基础上，纳入前
文关于创新创业特征性指标及综合指标评价体系等相关

① 樊华，周德群. 中国省域科技创新效率演化及其影响因素研究[J]. 科研管理，2012，33（01）：10-18+26.
② 余泳泽，刘大勇. 创新价值链视角下的我国区域创新效率提升路径研究[J]. 科研管理，2014，35（05）：27-37.
③ 陈升，扶雪琴. "一带一路"沿线科技创新效率区域差异及影响因素分析——基于三阶段DEA和Tobit模型[J/OL]. 重庆大学学报（社会科学版）：1-15[2021-07-06]. http://kns.cnki.net/kcms/detail/50.1023.c.20200927.1512.002.html.

内容的研究成果，选取以下指标（见表6-2）作为用于测算区域创新创业效率的投入和产出指标：

表 6-2　本书用于测算区域创新创业效率的投入及产出指标

考察维度		用于测算的具体指标
创新创业投入	创新创业经费投入	研发经费投入总量（亿元）
	创新创业人员投入	研究人员全时当量（人年）
	创新创业主体	高新技术企业数量（个）
	创新创业服务	科技企业孵化器数量（个）
	创新创业政策支持	创新创业政策数量（条）
创新创业产出	知识产出水平	每万人发明专利授权量（件）
	经济产出水平	技术市场成交额（亿元）
	推动创新驱动发展的效果	规上工业企业新产品销售收入占主营业务收入的比重（%）
	带动高质量就业的效果	高新技术就业人口占总就业人口的比重（%）

将上述创新创业投入和产出指标代入DEA-CCR模型，同时考虑到创新创业投入和产出时间上的延迟效应，本书选择滞后投入1年的产出数据，也就是说，采用2014—2018年的创新创业投入数据以及对应其的2015—2019年的产出数据。在此基础上，利用DEAP软件测算得到2014—2019年中国30个省（自治区、直辖市）创新创业效率。为揭示创新创业政策对区域创新创业效率的影响，本书比较分析了当投入指标中包括创新创业政策数量指标和不包括创新创业政策数量指标两种情景下区域创新创业效率测算结果的差异，即当投入指标中包括政策数量时的区域创新创业效率高于不包括情境下时，表明创新创业政策在推动创新创业过程中发挥了积极作用。

6.3 实证结果分析

　　图6-1显示了2019年中国各地区创新创业效率，由此可看出：（1）我国西北地区和华东地区的创新创业效率较为接近，分别为0.853和0.848，领先于其他地区，位居全国第一梯队。这可能是由于西北地区所包括的甘肃、青海、宁夏、新疆等地的创新创业投入及产出水平均处于全国靠后位置，在低投入和低产出之下产生了较高的创新创业效率；而与西北地区相反，华东地区包括的上海、江苏、浙江等地的创新创业投入和产出水平均处于全国靠前位置，高投入和高产出也带来了高水平的创新创业效率。（2）华中地区（0.833）、西南地区（0.823）、东北地区（0.817）、华南地区（0.806）创新创业效率依次递减，其中华中地区和西南地区位于全国第二梯队，东北地区和华南地区略低于全国平均水平（0.819），位全国第三梯队。（3）相比之下，华北地区成为全国创新创业效率最低的地区，与全国平均水平相差7个百分点。这主要是因为尽管北京和天津的创新创业效率基本均位于最优前沿面上，但河北、山西和内蒙古三个地区创新创业效率较低，不足0.6，导致华北地区创新创业整体效率不高。（4）2015—2019年，我国分地区创新创业效率呈现U形发展趋势，历年创新创业效率值分别为0.735、0.728、0.714、0.782、

0.819。从地区间比较来看，西北和华东地区处于全国创新创业效率第一梯队和华北地区于全国最后梯队的位置关系没有发生明显改变，但处于中间位置的华中、华南、东北、华南四个地区排位在此期间发生了一定调整。

◀ 图6-1 2019年中国各地区创新创业效率

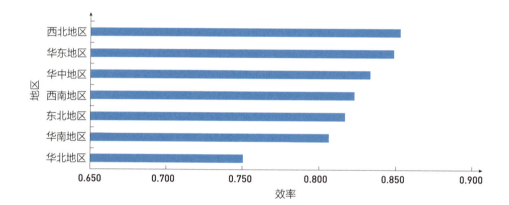

图6-2显示了2019年投入指标中包括创新创业政策数量指标与不包括创新创业政策数量指标两种情境下区域创新创业效率的测算结果，可以看出，当创新创业政策数量作为投入指标进入模型后，测算得出的创新创业效率，无论是全国层面还是地区层面均有不同程度的提升，这就表明相关政策在推动创新创业的过程中确实发挥了正向促进作用。此外，结果同时显示，2015—2019年，我国相关政策对于促进创新创业效率的提升幅度基本维持在20%的较高水平，也再次证实了我国创新创业政策在近年来区域创新创业中持续发挥着的积极作用。

　　从作用效果的地区差异来看，华中地区的创新创业政策正面效应最为显著，增幅高达32%；其次为华南地区，增幅也高达27%；这两个地区创新创业政策的提升效果高于全国平均水平。再次为西南、东北和华北地区，增幅分别为20%、17%和12%。相比之下，创新创业效率最高的华东地区和西北地区创新创业政策的提升效果相对较小，分别为5%和2%。这可能是因为对于包括上海、江苏、浙江等在内的华东地区而言，其市场经济更为发达、内生创新活跃度也更高，所以创新创业政策的调节作用相比于其他地区未表现得那么明显。而对于主要包括甘肃、青海、宁夏、新疆等欠发达省份的西北地区而言，由于创新创业水平长期处于全国靠后位置，既缺乏坚固的创新基础，也不具备高水平的自主创新能力，因此难以单纯依靠相关政策的帮扶在短时间内产生明显的创新创业效率提升效应。

◀ 图6-2　不同情境下
2019年中国各地区
创新创业效率

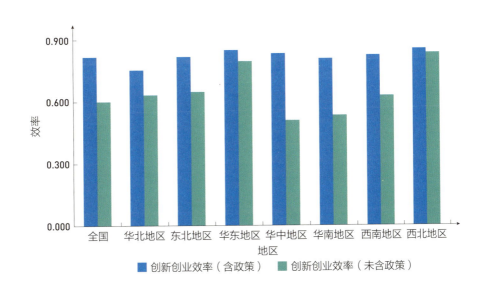

第**7**章

当前中国
创新创业发展
面临的主要问题

7.1.1 创新创业区域发展不平衡问题比较突出

我国的创新创业发展总体上取得了显著成效，但具体到各地区而言，发展则极不平衡，尤其是在投入、产出和效率等各方面，在省级分布和地区分布上均存在较大差异。

在创新资金投入方面，2018年我国研发经费投入强度为2.18%。但如图7-1所示，同期全国仅有9个地区的该指标超过全国水平，其中北京和上海研发经费投入强度分别高达6.2%和4.2%；但同期有10个以上的西部地区的研发经费投入强度均不足1%。以北京、上海、广东、天津、江苏和浙江等为代表的东部经济发达地区不仅经济规模总量大，研发经费投入规模也大，与经济相对欠发达的中西部地区存在巨大差距。

◀ 图7-1 2018年各省（自治区、直辖市）的研发经费投入强度

　　在创业人员方面，由于统计口径的问题，很难全面统计和比较各地创业人员的数量与结构比例。但从考察创业人员密集度和创业发展水平的众创空间发展来看，有研究统计①发现，上海和北京的众创空间密度分居全国第一和第二。其他地区的众创空间密度居前的也均位于东部沿海经济发达地区，尤其是长三角、京津冀和珠三角地区。这些地区具有众创空间密度和创业人员密度"双高"的典型特征。如图7-2所示，根据对全国众创空间的统计，我国科技人员、大学生、留学归国人员、大企业高管等创业人员主要集中在华东和华北地区，二者合计占全国四类创业人员比重的52.5%、47.2%、

◀ 图7-2　各区域创业人员分布情况

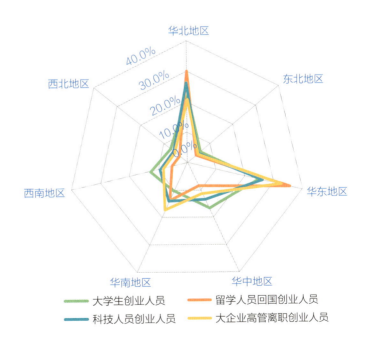

① 吴立涛. 我国众创空间的发展现状、存在问题及对策建议[N]. 中国高新技术产业导报，2017-02-20（007）.

65.9%和53.6%。特别是华东地区，上述四类创业人员的数量均位居全国第一，这很好地解释了以上海和浙江为代表的长三角地区为什么具有较为浓厚的创新创业氛围和极为活跃的创业活动。相反，在西北、东北和西南地区，由于创业人员和创业企业入驻数量少，众创空间的建设主要依靠政府财政补贴和政策支持，因此众创空间数量少，创业人员密度低，且相当一部分众创空间运作不良。

在创新创业产出方面，如图7-3所示，北京、浙江、广东、上海、江苏等东部沿海发达地区是我国知识产出水平最高的地区。2018年每万人发明专利授权量前十地区中，东部地区占据8席，中部地区和西部地区分别仅有安徽和重庆进入前十名。如图7-4所示，北京、广东、上海等东部经济发达地区是我国技术交易活跃地区，其中北京一枝独秀，2018年技术合同成交额占据全国30%以上，是全国最主要的技术输出地和

◀ 图7-3 2018年每万人发明专利授权量前10地区

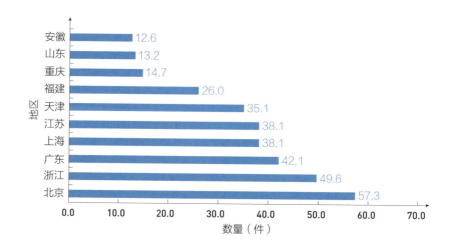

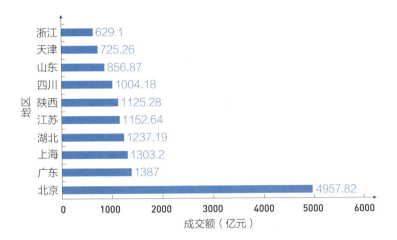

◀ 图7-4 2018年
全国技术合同成交额
排名前10地区

技术吸纳地。从瞪羚企业和独角兽企业分布来看，如图
7-5和图7-6所示，北京一枝独秀，其他数量相对较多
的地区也主要是广东、浙江和上海等位于东沿海经济发
达地区，中西部地区数量较少。除湖北、安徽、湖南各
分别有3个、1个和1个独角兽企业，四川、贵州和重庆
各分别有4个、2个和1个独角兽企业外，中西部地区没
有1个独角兽企业。科技创业企业区域发展不平衡问题
可见一斑。

◀ 图7-5 2018年
全国瞪羚企业数量排名
前10地区

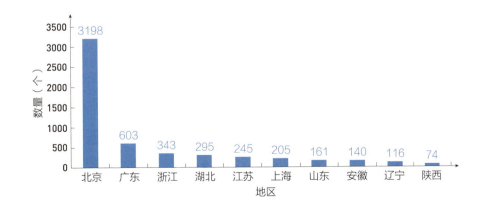

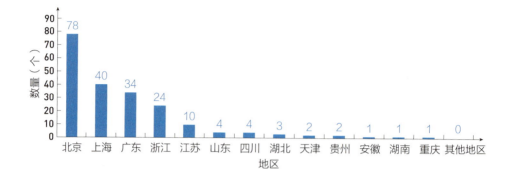

◀ 图7-6 2018年全国各地区独角兽企业数量

7.1.2 创新创业政策同质化和"偏科"现象较严重

从我国创新创业政策的出台模式来看，通常多数是中央和中央相关部门率先出台政策，随后各地再相继出台类似政策。这就导致了从政策内容来看，很多由地方出台的创新创业政策主要是复制上级政策，缺乏与本地人才结构、创新基础和产业发展需求等紧密结合的特色创新，各地创业创业政策、措施存在严重的同质化现象，也严重影响了政策效果。例如，一些地方的科技企业孵化器和众创空间等"重形式、轻内容"，有名无实。

我国现有的创新创业政策主要是着力构建区域创新创业生态系统，提倡引入多种创新创业主体，包括创业企业、为创业企业提供服务的中介机构等。通过政策类型可以看出，当前的创业创新政策多倾向于宏观管理政策、重点产业发展政策和创新要素的管理政策。总体来看，宏观性、指导性政策相对偏多，针对农业农村等重要领域的创新创业政策相对偏少，部分政策可操作性不强。如图7-7所示，2014—2019年，在中央层面发布的约450项创新创业政策中，与农业农村领域相关的政策仅有9项，占政策总数量的2.00%；而与产业发展相关的有52项，占政策总数量的11.56%。此外，现有支持性政策的内容多侧重于金融支持和税收优惠等方面，而支持高新技术企业技术研发及成果转化，以及知识产权保护等优化环境方面政策措施则相对较少。

◀ **图7-7** 2014—2019年中央各部委创新创业政策发布情况

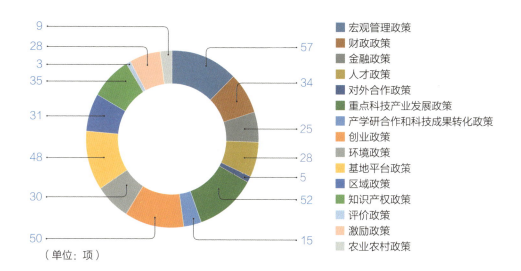

9
28
3
35
31
48
30
50
57
34
25
28
5
52
15

（单位：项）

- 宏观管理政策
- 财政政策
- 金融政策
- 人才政策
- 对外合作政策
- 重点科技产业发展政策
- 产学研合作和科技成果转化政策
- 创业政策
- 环境政策
- 基地平台政策
- 区域政策
- 知识产权政策
- 评价政策
- 激励政策
- 农业农村政策

7.1.3 科技人才流动和服务保障机制尚不健全

科技人才是创新创业必不可少和最重要的要素之一。科技人才流动可以带动人力资本、金融资本、技术和信息等流动，是创新创业要素优化配置的重要路径。但科技人才不同于普通劳动力要素流动，科技人才多数受教育时间相对较长，学历较高，具有较高专业化技能，但相比较而言多数更加偏向于风险厌恶型，因此更加偏好稳定的环境和可预期的前景，其流动通常需要更加完善的服务和保障机制。

从我国现实情况来看，科技人才是创新创业人才的主体，但创新创业人才的户籍、身份、学历和人事关系等流动性制约因素仍然客观存在，尤其是高校和科研院所等事业单位和不同所有制企业之间的人才双向流动机制迫切需要创新"破冰"，人才向艰苦边远地区和基层一线流动缺乏相应的激励和保障机制，可操作的人才顺畅流动的制度体系建设尚需加力。部分大中城市先后逐步放开人才落户限制，但个别城市重视"抢人"，缺乏人才落户辨识机制，忽视引人留人的特色人才培养和支持政策，陷入"救房地产"嫌疑；一些城市人才引进的认定主要依据学历、头衔称号、学术发表、奖项等"一刀切"门槛，放大科技人才个人学术背景，忽视其研发成果的市场转化效能。此外，重人才轻团队现象较为突出，难以形成"人才＋团队＋项目"的合力优势。同时，人才激励模式较单一，未能形成有形物质激励与无形声誉激励相结合的综合性激励模式。

7.1.4 科创企业孵化培育机制仍需进一步优化

2019年，上海科创板正式设立开市，标志着科创企业孵化培育取得了重大进步。但以科创板为代表的多层次资本市场仅是科创企业孵化培育的重要一环，由于科技创业风险相对较高，科创企业类型多样，不同发展阶段需要不同的孵化培育措施。一些地方创新创业的双创政策不考虑企业之间是否存在共同愿景，不注重创新创业生态系统的自我维持和强化能力，科创企业孵化机制未能考虑到根据各地实际情况建立不同创新创业生态系统，提供具有针对性的孵化培育措施。相当一部分地方对科创企业孵化培育"重两头、轻过程"，即重视孵化器载体建设，重视创业入驻和创业上市，但忽视创业后的过程培育支持，引导科创企业从创业企业向产业集群迈进的加速发展机制存在政策断点和盲区，成体系和成链条的孵化机制尚未建立；孵化器公共服务体系不健全，社会资源集聚意愿和规模水平不高，导致孵化器服务内容和服务功能较为单一，且过度依赖政府，未能形成相对完善的服务体系。

总体来看，现有以孵化器、科创园等孵化载体建设为主的孵化培育机制尚需要结合各地发展实际和科创企业特征及其发展阶段性需求进一步优化完善。

7.1.5 破解创业企业融资难亟须科技金融支持

有研究[①]发现，我国中小企业的5年和10年死亡率分别达到90%和99%。与美国、德国和日本等中小企业平均生命周期都在7年以上相比，我国中小企业平均

---

① 蔡宁伟. 小微企业融资难与融资贵的症结根源、解决对策与建议[OL]. 中国电子银行网，https://www.cebnet.com.cn/20190827/102597247.html.

生命周期要短得多，只有2.5年。虽然这有多方面的原因，但中小企业面临的融资难问题是其无法获得足够的金融保障的重要原因之一。与一般的中小企业相比，科技创业者多数是有技术缺资金，且由于资金需求更高，对金融保障的需求更为迫切。有研究调查发现，近九成的创业者认为资金不足是创业最主要的障碍[①]。

从现实来看，我国当前的金融服务体系与科技创新创业主体多样化的金融服务需求之间还存在着发展上的不平衡。科技金融体系的滞后性在很大程度上限制了科技创新创业的发展速度。

首先，科技金融对初创企业和中小科技型企业的扶持力度不足。虽然科技金融涵盖创新创业风险投资、科技信贷、多层次资本市场、科技保险，以及在国内市场新兴的科技租赁与科技金融服务等广泛的业务领域，但是由于孵化器往往只能接收规模小的初创型企业，中小企业和初创企业当前主要的融资方式仅仅局限于创业风险投资，科技信贷和多层次资本市场服务对象则集中在相对成熟的企业。初创企业风险高、资质不足、没有足够的信用为其融资提供凭证等限制了金融机构对它的支持力度。因此，处于种子期的科技型中小企业缺乏资金、融资难、融资贵的现象极为突出。

---

① 张前荣. 加快推进"大众创业、万众创新"的政策建议[OL]. 国家信息中心，http://www.sic.gov.cn/News/455/6327.htm.

　　其次，科技金融运行缺乏统筹联动机制。一方面，金融部门与科技部门未能有效结合，金融部门对科技创新发展规律把握不够，科技企业对金融运行规则未能深入了解，导致金融机构对传统产业更加青睐。另一方面，政府各部门自成体系，独立运作，造成数据信息封闭阻断，不能实现部门之间的信息与资源共享，不利于科技型企业持续长效融资。

第8章

进一步完善
创新创业政策
体系的建议

8.1.1 探索开展创新创业政策后评价，加大政策落地考核和督导督查力度

总体来看，尽管现有创新创业政策存在"偏科"和有待进一步完善等问题，但无论是中央还是地方，已出台的政策总量并不少，也几乎涵盖所有领域。但政策出台不等于政策落实。当前必须弄清楚在中央各部门已出台数百条政策的情况下，为什么一些地区的创新创业进展不尽如人意。因此，当务之急是对中央和各部门已出台的政策进行梳理，探索通过第三方对重大政策实施情况开展后评价，了解已有政策体系的完备程度、政策实施成效、存在的问题和改进方向。

开展创新创业政策后评价是推动政策落实的重要手段之一。要避免政策停留在纸面上，避免政策措施"有名无实"，还应加大对创新创业政策实施的督导、督查和考核力度。通过外力推动政策落地见实效，同时更好地发现政策实施中存在的问题，为进一步完善政策体系创造条件。

8.1.2 提高政策针对性和可操作性，创新"四新经济"发展政策支持

对创新创业的政策支持不在于出台政策数量的多少，而在于政策是否针对创新创业的薄弱点和关键痛点、阻点，是否具有可操作性。首先，应加强政策统

筹协调，加快建立跨行业、跨部门、跨领域的科创政策联席制度，推进科创政策与财税、金融、产业、人才、教育等政策资源的有效整合、协同发力，促进形成持续强劲的政策合力。其次，根据政策实施评估和实施中发现的问题，加快完善出台重大政策实施细则和配套办法，确保各项政策措施真正落地落实。再次，充分发挥地方制度创新积极性，鼓励和引导各地根据经济条件、创新和产业基础的不同，针对性地出台和实施符合地方实际需要的特色创新创业政策，避免地方政策"千人一面"。最后，鼓励和支持地方进一步梳理整合政策和服务资源，加快搭建科创政策咨询服务专业化平台，形成线上线下结合的多渠道、多路径、多形式的各类政策服务信息推动，推广"不来即享式"智能推荐服务，通过形成新的政策组合提升科创服务的精准性、有效性和可持续性。

科技创新引导的创业与通常意义上的创新创业既有共同点，也有其特殊性。这主要体现在，在新一轮科技和产业革命大背景下，数字经济、智能经济、生物经济和绿色经济等领域的新技术、新产业、新业态和新模式（简称"四新经济"）成为当前科技创新创业的主体。因此，提高政策针对性和可操作性的一个很重要的内容就是要创新针对"四新经济"的政策支持，包括提供地方市场负面清单，优化营商环境，完善准入监管，创新税收、就业和社会保障管理等，为"四新经济"发展提供宽松的发展环境和起步所需要的市场空间等。

8.1.3 大力破除人才流动的"痛点""阻点"，全面激发人才创新创业活力

国以才立，业以才兴。科技人才是创新创业的关键要素，促进人才顺畅有序流动是激发人才创新创业创造活力的重要保障。当前应加快研究破除户籍、身份、人事关系、编制和社会保障制度等阻碍人才流动的制度障碍，重点推动打通大学、科研院所与民营企业之间的人才双向流通渠道，建立健全事业单位科技人才创新创业机制。

科技人才流动需要更加完善的配套服务。首先，要加快探索建立科创人才服务工作档案制度，推进共建共享科创人才服务数据库建设，推广和深化科创人才服务专员制度，加强与科创人才的双向联系沟通，强化科创人才引进和服务绿色通道建设，统筹做好支持科创人才的各项服务保障工作。其次，应加快探索组建科创人才服务专门机构，进一步完善科创人才服务联盟建设，搭建线上线下人才服务综合平台，为其提供全方位、全流程的专业化服务，进一步挖掘科创人才的潜力和创造力。最后，积极推进人才计划优化整合，建立成果奖励、表彰奖励、荣誉奖励、项目奖励等相结合的科创人才激励体系。对于西部地区和县乡基层地区而言，中央应加大包括财政专项在内的支持力度，完善提高基层创新创业人才保障水平，让人才能"下得去""留得住"。

8.1.4 加强科创企业孵化培育载体和生态建设，畅通企业成长服务链条

针对当前科创企业孵化培育中存在的"重两头，轻过程"和孵化器"有名无实"等突出问题，一方面，应加强众创空间等孵化载体管理，加大科创企业加速器建设力度，强化对加速器的基础设施支撑。引导全国科创企业加速器发展，补齐"创业→企业→产业"的关键环节。同时，要加快制定差异化、精准化政策措施，做实孵化培育载体，使孵化培育载体名副其实。

另一方面，要建立健全科创企业全链条孵化管理机制，畅通形成"创业孵化—企业加速—产业化"的良好通道。首先，建立载体间利益平衡机制。通过设计载体间的利益共享和风险分担机制，避免载体间恶性竞争，实现创新孵化、创业孵化和产业孵化三大服务功能的有序承接和发展。其次，建立加速器对孵化器的反哺机制。在提供中试等研究服务和人力资源创业服务基础上，强化向初创企业提供专家网络、创新资源，向孵化器和处于孵化期的初创企业反馈、提供市场创新需求，从成长期企业中孵化内部创业者等。最后，建立毕业企业对初创企业的反哺机制。支持和引导毕业企业与初创企业合作，建立内部孵化器和加速器，促进全链条孵化的可持续发展。

科创企业的成长发展既离不开链条化的孵化培育载体，也离不开丰富完善的科创产业生态。因此，可通过创建科创生态示范园，鼓励和支持地方围绕科创园等大

型科创载体，有序引导创业企业、科研院所、孵化载体和机构、投资机构、服务机构等资源在科创园或城市关键区位汇聚，促进形成科创企业和科创服务双向互动群落。同时，要引导和支持加速器和科创生态示范园加强对公共服务资源的整合利用，尤其是建设开放式的服务平台，为各类相关外部服务机构提供多元化的合作接口[①]，共同营造科创企业孵化培育成长的良好大生态。此外，各级政府和科协组织可以支持以区域内优质企业为牵头主体，发起并集聚区域内优质科技孵化器、高校、科研院所和风投机构等各类专业机构，建立创新创业联合体，围绕区域核心产业打造区域科技创新创业完整服务链。

8.1.5 加快完善多层次科技金融体系，助力缓解创新创业融资难

金融是国民经济的命脉。创新创业初始研发创新投入高、初期市场没有打开、市场占有率低、收入低，尤为需要科技金融的支持。只有充分发挥政府和市场的协同作用，构建形成多层次的科技金融体系，才能缓解创新创业融资难问题。

一是发挥政府创业投资的关键引导作用。国家和有条件地区可以有针对性地建立战略性新兴产业创业投资

---

① 程郁，王胜光. 从"孵化器"到"加速器"——培育成长型企业的长信服务体系[J]. 中国科技论坛，2009（03）：76-81.

引导基金，一方面，发挥对创业投资的支持作用和投资引导作用，另一方面，委托第三方或市场化投资机构管理和运作引导基金，吸引社会资本参与建立引导基金，推动创业投资基金的多元化发展。二是发挥政府采购对创业企业市场培育的关键支持作用。研究放开政府采购对购买创业企业产品和服务的限制，制订新兴产业服务和产品的政府采购目录，探索以培育市场换企业和换产业的有效路径。三是发挥信贷政策的关键支持和导向作用。金融管理部门要研究放宽知识产权质押融资，完善投贷联动机制，进一步细分面向科技创业企业的中小微贷款规模管理，就要进一步完善企业信用管理政策，鼓励和支持商业银行创新开发面向中小科创企业的信贷产品，完善中小科创企业融资评价指标，引导加大贷款规模。鼓励地方通过担保、贴息等方式支持创新创业及创业企业孵化培育。四是鼓励和支持市场化科技金融机构发展。要研究放宽贷款公司设立和经营范围的政策，支持贷款公司规范发展，支持各种类型风险投资基金发展。五是推动建立初创中小企业参与国家和地方研发活动的长效机制。国家和地方重大科技专项、重点研发计划、自然科学基金等面向重点产业、重点领域和应用示范类项目，应明确应有初创企业或中小企业参与，既给予科技型中小企业以资金支持，也可以带动其创新能力提升。

8.1.6 加强创新创业教育培训和典型宣传，培养创新创业文化和社会氛围

无论是对于科技人员，还是大学生，甚至是已在企业工作的经营管理人员，创新创业都意味着他们要转换"跑道"，面临创新创业的高风险性和完全不同的专业性挑战。有调查发现，我国超八成家长希望子女有稳定工作，近七成家长不赞成子女创业，国民创业意识整体较弱[①]。因此，政府既需要引导创新创业人员形成正确的心理认知，也需要给予其专业的创新创业指导；同时还需要加强宣传，让全社会充分认识到创新创业的重要意义，给予创新创业人员以宽松、宽容的社会环境，容忍创新创业失误甚至是失败。在这方面，面向创新创业人员的专业化教育培训，面向全社会的创新创业文化宣传，都发挥着不可替代的重要作用。

在国家鼓励和支持创新创业政策的激励下，近年多家高校已开设创新创业课程，但相当一部分仅针对大学生就业或者是"形式化"培训，有的则是想"跑马圈地"发展新型专业和学科。今后需要在前期探索的基础上，结合科技成果转化，结合企业需求，进一步细化和深化，针对科研教师、不同层次学生的不同需求，探索普适性创新创业教育和专业化创新创业培训辅导相结合的创新创业教育模式。要加强政府、企业、高校和社会化专业创业服务机构等四方合作，强化产教融合教育和

---

① 张前荣. 加快推进"大众创业、万众创新"的政策建议[OL]. 国家信息中心，http://www.sic.gov.cn/News/455/6327.htm.

创业实践指导，避免创新创业教育学科化发展，避免创新创业成为针对大学生就业的"临门一脚"教育[①]。

此外，地方政府要鼓励和支持专业创新创业教育培训机构发展，推动形成社会化创新创业教育服务。下一步可以结合营商环境优化和"放管服"改革，优先成立公益性创业辅导中心，举办"创业大讲堂"，为企业的创设以及新创企业提供全方位的咨询和免费培训辅导。

创新创业是专业人员的"小众"活动，但离不开社会大众的推动。只有社会大众形成广泛的有利于创新创业的共识、意识和社会文化氛围，才能催生更多专业人员的小众创新创业活动。因此，创新创业文化的宣传引导实际上是面向社会大众的创新创业教育。各级宣传部门和各级科协要加强对先进创新创业模范和典型事迹的宣传，形成优秀创新创业案例的示范效应；同时也要加强全社会的危机意识和以创新创业应对危机挑战意识的塑造，在全社会培育创新创业文化和创新精神。

创新创业的成功有很多偶然性。因此，政府还要积极引导和鼓励社会分享创新创业的失败经验，反思社会化对创新创业引导和支持服务的不足，避免主流媒体对创业失败案例的口诛笔伐，尤其是要研究完善对创业失败者的"失信""限高"等措施，减少网络和社会对创业失败者"失信""限高"等炒作，引导社会容忍失败、宽容失败，全方位地推动形成有利于创新创业的社会氛围。

---

① 吕京，张海东. 大力推进高校创新创业教育[N]. 淮南日报，2020-05-19（003）.